EL ORGULLO

LA BATALLA PERMANENTE DE TODO HOMBRE

EDITORES GENERALES
DANIEL PUERTO Y JOSUÉ PINEDA DALE

PRÓLOGO
ALEX MONTOYA

EDITORIAL PORTAVOZ

La misión de *Editorial Portavoz* consiste en proporcionar productos de calidad —con integridad y excelencia—, desde una perspectiva bíblica y confiable, que animen a las personas a conocer y servir a Jesucristo.

Editores de contenido: Daniel Puerto y Rudy Ordoñez
Diseño de cubierta: Pablo Montenegro
Diseño editorial y maquetación: Sherri L. Hoffman

EDITORIAL PORTAVOZ
2450 Oak Industrial Drive NE
Grand Rapids, MI 49505 USA
Visítenos en: www.portavoz.com

ISBN 978-0-8254-5987-0
ISBN 978-0-8254-6947-3 (Kindle)
ISBN 978-0-8254-7796-6 (epub)

1 2 3 4 5 edición / año 30 29 28 27 26 25 24 23 22 21

Impreso en los Estados Unidos de América
Printed in the United States of America

Este libro es un estudio bastante exhaustivo de lo que la Biblia enseña acerca de la lucha del hombre con la tentación del orgullo y de cómo vivir en humildad. Conozco a la mayoría de los colaboradores, con quienes he ministrado por años. Cada uno de estos siervos se distinguen por su humildad y escriben con preocupación pastoral. Es por esta razón que recomiendo su lectura a cada cristiano, así como a todo pastor y líder, tanto para su beneficio personal como para el bien de las almas bajo su responsabilidad ministerial.

Henry Tolopilo
Pastor, Grace en Español, Los Angeles, California.

Todos sabemos que el orgullo está mal. Pero la Escritura dice mucho más sobre el orgullo que una simple condena. Al perder la plenitud de lo que la Biblia expresa sobre este tema, perdemos la dimensión de su pecaminosidad y la forma en que podemos conquistarlo en Cristo. Estoy agradecido por este trabajo que traza una teología bíblica del orgullo desde el Génesis hasta el Apocalipsis y muestra cómo esta rica teología ha sido expuesta en la historia de la Iglesia con miras a la vida diaria. Esta es la forma en que debe hacerse teología, ya que saca a relucir la amplitud de la verdad divina que nos obliga a ser nada mientras hacemos mucho de Cristo.

Dr. Abner Chou
Presidente Interino de The Master's University & Seminary

Qué alegría y esperanza me causa un libro que definitivamente todos debemos leer. Primero, por la amplia representación latinoamericana de sus jóvenes autores. Y segundo, por el celo de escoger el tan importante tema del orgullo. Ellos buscan desenmascarar este terrible pecado radical de mil cabezas para combatirlo en sus vidas y ayudarnos a todos a hacerlo también. El orgullo es en esencia el antievangelio y, así como el mundo hispano está despertando a las glorias del evangelio, espero que este libro contribuya a desatar una gran consciencia del peligro destructor de este enemigo.

Carlos Contreras
Pastor, Iglesia Gracia Soberana, Ciudad Juárez, México

¡Qué fácil es dejarnos engañar por el orgullo! Este libro es una herramienta esencial para entender, diagnosticar y deshacernos de él. A través de un viaje por la Biblia y la historia, los autores nos muestran las consecuencias desastrosas del orgullo y la solución absoluta que tenemos en Jesucristo. Recomiendo este libro a todo creyente que desea crecer en santidad delante del Señor.

Dr. Emanuel Elizondo
Pastor, Iglesia Vida Nueva, Monterrey, México

A pesar de siglos de religiosidad y una plétora de falsificaciones modernas, el mensaje atemporal y bíblico de la redención ha llegado a nuestros países hispanohablantes, y todos tenemos un papel que jugar en su difusión. Tú y yo nos encontramos en una encrucijada: o seguimos consolándonos al compararnos con aquellos cuya caída es pública sin darnos cuenta de que tenemos el mismo problema, o nos unimos y nos apoyamos sabiendo que el orgullo es nuestra lucha en común. Este libro es un gran comienzo para la segunda opción. Es entendible, didáctico y provechoso, tanto para nuevos como veteranos creyentes.

Joe Owen
Director de Respuestas en Génesis América Latina

A todos los hombres cristianos
que luchan a diario con su orgullo y que
buscan ser cada vez más como Cristo.

Contenido

Parte 6: ¿Qué hago con mi orgullo?

Colaboradores

Jacobis Aldana, colombiano, es pastor y plantador de iglesias en Santa Marta, Colombia, sirve en Soldados de Jesucristo y como director de la fundación de Estudios Bíblicos Alfa y Omega. Además, es miembro fundador de la Red de Iglesias Bíblicas del Caribe Colombiano. Jacobis es Licenciado en Artes y Estudios Teológicos del Miami International Seminary (MINTS), está casado con Keila y es padre de Santiago y Jacobo.

Lucas Alemán, argentino, es director de educación en español y profesor de Antiguo Testamento en The Master's Seminary. También es director ejecutivo de la Sociedad Teológica Cristiana y pastor-maestro de la Iglesia Bíblica Berea en North Hollywood, California. Además, es el editor general y uno de los autores de *La hermenéutica de Cristo*, así como uno de los colaboradores de *En ti confiaré* (dos volúmenes). Tiene un M.Div. y un Th.M. de The Master's Seminary y es candidato a Ph.D. de la misma institución. Lucas y su esposa, Clara, tienen dos hijos: Elías Agustín y Enoc Emanuel.

Santiago Armel, colombiano, es pastor en la Iglesia Bíblica Cristiana de Cali, Colombia, y sirve también como director de la Conferencia Baluarte de la Verdad en la misma ciudad. Santiago fue administrador de la Conferencia Expositores en Los Ángeles, California, por varios años. Ha colaborado en las siguientes obras: *De vuelta a Cristo*, *Declaring His Glory among the Nations* [*Declarar su gloria en las naciones*], *Siervo fiel* y *En ti confiaré* (dos volúmenes). Santiago ostenta un M.Div. y es candidato a un Th.M. de The Master's Seminary. Él y su esposa, Juliana, tienen un hijo: Santiago.

Ricardo Daglio, argentino, es pastor de la Iglesia Bíblica de Villa Regina (UCB) en Villa Regina, Río Negro, Argentina, desde 2008. Además, fue pastor por dieciséis años en Salto, Uruguay. Es graduado del Instituto Bíblico Unión de Centros Bíblicos y del Instituto Integridad y Sabiduría. Actualmente es candidato a la Maestría en Ministerio Bíblico en The Master's Seminary. Contribuyó como escritor en el libro *De vuelta a Cristo*. Ricardo está casado con Silvina y tienen tres hijos: Carolina, Lucas y Micaela.

Josías Grauman, estadounidense, es pastor asociado en Grace en Español, así como decano de educación en español y profesor de exposición bíblica en The Master's Seminary, en Sun Valley, California. Fue capellán del Hospital del Condado de Los Ángeles así como misionero en la Ciudad de México. Josías estudió un B.A. en idiomas bíblicos en The Master's University y tiene un M.Div. y un D.Min. en The Master's Seminary. Es el autor de *Griego para pastores* y *Hebreo para pastores*, y ha contribuido como autor en los siguientes libros: *La hermenéutica de Cristo*, *De vuelta a Cristo*, *Siervo fiel* y *En ti confiaré* (dos volúmenes).

Israel Guerrero, chileno, tiene un Máster en Teología del Seminario Teológico de Edimburgo y Universidad de Glasgow. Actualmente está realizando un Ph.D. en Teología Sistemática en la Universidad de Edimburgo, Escocia. Su pasión es ver un desarrollo de la teología reformada en Latinoamérica, para así ayudar en la capacitación de los próximos plantadores de iglesias y profesores de teología. Israel está casado con Camila y tienen una hija: Emma.

Nelson Matus, chileno, es pastor de Redeemer en Español en la ciudad de Álamo, Texas, así como profesor y auditor de acreditación en el Seminario Bíblico Río Grande en Edinburg, Texas. Nelson se graduó de un B.A. en Teología con énfasis en Ministerio Pastoral en el Seminario Bíblico Río Grande y tiene una maestría en Midwestern Baptist Theological Seminary. Está casado con Pakis y tienen una hija: Hadassa.

Rudy Ordoñez, hondureño, es parte de la Iglesia Presbiteriana Gracia Soberana, en Tegucigalpa, Honduras, y está en proceso de ser ordenado como pastor gobernante. Además, sirve como Director Editorial en Soldados de Jesucristo. Apasionado de la iglesia local, historia de la Iglesia y apologética, le gusta leer mucho y escribir un poco de todo. Además, trabaja en el sector bancario, en el área de analítica y gobierno de datos. Rudy está casado con Ehiby y tienen dos hijos: Benjamín y Abigail.

Josué Pineda Dale, salvadoreño, es coordinador administrativo de educación en español e instructor de sección en The Master's Seminary. Es el editor general y uno de los contribuidores de *En ti confiaré* (dos volúmenes), editor de contenido de *La hermenéutica de Cristo* y ha contribuido además en los siguientes libros: *Declaring His Glory among the Nations* [*Declarar su gloria en las naciones*] y *Siervo fiel*. Además, colabora como autor en «Estudios bíblicos para la vida». Tiene un M.Div. y un Th.M. de The Master's Seminary y es candidato a Ph.D. de la misma institución. Josué está casado con Mabe y tienen dos hijos: Daniel y Valentina.

Daniel Puerto, hondureño, es pastor de la Iglesia Bautista Palabra de Vida en Tampa, Florida, y Director Ejecutivo de Soldados de Jesucristo. Estudió en el Instituto Bíblico Río Grande en Edinburg, Texas, y actualmente cursa una maestría en el Southern Baptist Theological Seminary. Es el editor general del libro *De vuelta a Cristo* y uno de los colaboradores de *En ti confiaré* (dos volúmenes). Daniel está casado con Claudia y tienen dos hijos: Emma y Loikan.

Roberto Sánchez, salvadoreño, es pastor-maestro de la Iglesia Bíblica Berea en North Hollywood, California, así como decano de estudiantes de educación en español y profesor asistente de Ministerio Pastoral de The Master's Seminary. Es uno de los autores de *La hermenéutica de Cristo* y de *En ti confiaré* (dos volúmenes). Tiene un M.Div. de The Master's Seminary, un Th.M. de Golden Gate Baptist Theological Seminary y un D.Min. de Southern Baptist Theological Seminary. Además, es candidato a Ph.D. de Golden Gate Baptist Theological Seminary. Roberto está casado con Enza, con quien es padre de sus tres hijos: Jacklyn Nicole, Karen Alessia y Roberto Paolo.

John Edgar Sandoval, colombiano, es pastor plantador de la Iglesia Cristiana Reformada de Bucaramanga, Colombia, y fue ordenado al ministerio por el Presbiterio Andino de la Iglesia Reformada Evangélica Presbiteriana de Colombia. Además, es miembro de la junta directiva del Seminario Reformado Latinoamericano, así como profesor de Teología Histórica y Misiones Reformadas en América Latina. John está casado con Cindy Juliana y tienen dos hijos: Christopher y Francis.

Alberto Solano, mexicano, es profesor de Biblia y Teología en el Seminario Bíblico Palabra de Gracia y uno de los pastores en Iglesia Comunidad Bíblica en Guadalajara, México. Tiene una Maestría en Divinidad y una Maestría en Teología con énfasis en Nuevo Testamento en The Master's Seminary. Su afinidad por los idiomas bíblicos lo llevó a ser profesor de griego en la misma institución. Ha colaborado como escritor de varios artículos y ha sido conferencista en diversos círculos académicos. Es uno de los colaboradores de *En ti confiaré* (dos volúmenes). Alberto está casado con Kathy y tienen dos hijas.

Douglas Torres, venezolano, es profesor del Centro de Capacitación Bíblica para Pastores. Es facilitador del Seminario Teológico Ministerial (SETEMI) y maestro de la Iglesia Bautista Nuevo

Amanecer en Trujillo, Venezuela. Es graduado del Seminario Bíblico Río Grande en Edinburg, Texas y en la actualidad cursa una Maestría en Teología en el Seminario Teológico Bautista de Venezuela. Douglas está casado con Erika y tienen dos hijos: Douglas Davet y Naryet Orel.

Heber Torres, español, es profesor de teología en el Seminario Berea en León, España, y pastor en la Iglesia Evangélica de Marín. Dirige el sitio «Las cosas de Arriba», que incluye un podcast y un blog. Además, ha contribuido en los siguientes libros: *Siervo fiel* y *En ti confiaré* (dos volúmenes). Heber tiene un M.Div. de The Master's Seminary. Está casado con Olga y tienen tres hijos: Alejandra, Lucía y Benjamín.

Adrián Sebastián Winkler, argentino, sirve en la Iglesia Bautista de General Pinto, Buenos Aires, Argentina, como maestro de estudios bíblicos. También, escribe el devocional «Gracia y Sabiduría» junto a su familia, y es el Director de Traducciones en Soldados de Jesucristo. Además, es profesor de Literatura. Le gusta mucho la música, leer, pasar tiempo al aire libre, hacer cosas con sus manos y sobre todo, comunicar lo que el Señor le enseña a través de su Palabra. Está casado con Karina y tienen dos hijas: Julia y Emilia.

Prólogo

En un período de casi cincuenta años de ministerio pastoral y académico me he encontrado con casi todos los problemas imaginables. La raíz de la mayoría de estos problemas ha sido el orgullo, ese orgullo pecaminoso que siempre está presente. Este pecado es como la gangrena, una podredumbre que carcome nuestra santidad y felicidad. En múltiples lugares de las Escrituras se nos advierte de los peligros del orgullo y se nos exhorta acerca de la necesidad de vivir en humildad. Los líderes de la iglesia deben ser maduros y humildes, no dados al ejemplo satánico del orgullo (1 Ti. 3:6; 1 P. 5:1-3). El pueblo de Dios debe vestirse con el manto de la humildad (1 P. 5:5) e imitar la vida de Cristo (Fil. 2: 5). Las familias cristianas deben tener a sus miembros individuales en humilde sumisión unos a otros (Ef. 5:21). La humildad, no el orgullo pecaminoso, es la receta de Dios para la Iglesia (Stg. 4:6-10).

Tal es la amonestación en este libro, escrito por líderes cristianos de distintos lugares del mundo hispanohablante. Este grupo de hombres eruditos y experimentados ha compilado un tomo que es una robusta perspectiva bíblica acerca de este pecado tan destructivo. No se trata de una reflexión superficial, sino un tratamiento profundo y completo de la enseñanza bíblica acerca del orgullo y de la necesidad de la humildad en nuestras vidas. La variedad de colaboradores traza la enseñanza bíblica del orgullo a través de las diferentes secciones de la Escritura comenzando con Génesis y concluyendo con Apocalipsis. El libro culmina con exhortaciones a vivir en humildad en las diversas facetas de nuestra existencia como varones. El lector será desafiado en todas las áreas de su vida y motivado a evaluarse constantemente. Este libro proporciona soluciones para el hombre completo, desde los líderes de la iglesia hasta los laicos, desde los casados hasta los solteros, desde los ancianos hasta los más jóvenes.

Debido a lo prevalente de nuestra cultura machista, la lectura de este libro en nuestras iglesias es desesperadamente necesaria. Te animo a leerlo y compartirlo con otros. Tenemos mucho que aprender y una lucha que enfrentar por nuestras vidas y la de nuestras familias. Necesitamos digerir cuidadosamente las páginas de este libro y buscar mortificar la presencia constante del orgullo al poner en práctica las amonestaciones y prescripciones bíblicas que nos brindan los autores. Nuestras iglesias, nuestras familias y, particularmente, nuestros hombres, necesitan esta instrucción y amonestación. Las páginas que vienen a continuación hablaron a mi corazón, y mi oración es que, de la misma forma, también hablen al tuyo.

Dr. Alex Montoya
Pastor, First Fundamental Bible Church, Whittier, CA.

Introducción

Jesús dijo: «... aprended de mí, que soy manso y humilde de corazón» (Mt. 11:29). Aprender es adquirir conocimiento y, en este caso, adquirir una nueva forma de vivir. ¿Qué debemos aprender? Algo que no sabemos: ser mansos y humildes. Y si somos totalmente sinceros, los hombres tardamos en aprender. Muchos de nosotros preferimos no recibir instrucciones de nadie, tal como sucede cuando tenemos una computadora o un televisor nuevo o cuando nos perdemos en una ciudad que no conocemos bien. No obstante, Cristo quiere que aprendamos a ser humildes como Él.

Con frecuencia —aunque ya hemos sido hechos nuevas criaturas (2 Co. 5:17)— carecemos de la humildad que caracterizó a nuestro Señor. Por eso, abunda en nosotros el orgullo, ese acompañante continuo y molesto que aparece sin ser llamado. Este pecado es tan dañino que ha arruinado la vida de muchos. Ha arruinado individuos (Ez. 28:2), naciones (Abd. 2-4) y reinos (Dn. 5:20-23). Por eso, un hombre renovado debe vivir buscando la humildad y combatiendo el orgullo cada día de su vida. La humildad es parte del fruto del Espíritu (Gá. 5:22-23, NVI); por lo tanto, deberíamos abundar en ella y buscarla continuamente.

El orgullo es fatal: nos carcome por dentro; destruye individuos, matrimonios, iglesias e instituciones; nos aleja de los que amamos y nos aísla de todo. El orgullo es «arrogancia o delirios de grandeza a causa de los logros propios, el estatus o las posesiones».[1] Tendemos a enorgullecernos con facilidad, teniendo un concepto inadecuado y excesivo de nosotros mismos[2] que nos hace quitar nuestra mirada del Señor. Hoy en día, muchos se jactan de tener orgullo propio; sin embargo, «Dios resiste a los soberbios» (Stg. 4:6). En esencia, el orgullo es «un gran mal porque [pretende] una grandeza y gloria que pertenecen justamente solo a Dios».[3] Compite con Dios, se opone a Dios y lucha contra Dios. Tristemente, el hombre orgulloso «cambia su confianza suprema de Dios a sí mismo»,[4] convirtiéndolo en una especie de idolatría. Por eso es importante abordar el tema del orgullo en el hombre.

Este libro surge de la necesidad de ayudar a los hombres a luchar contra su orgullo. No lo hacemos pretendiendo saber más o desde una posición de victoria en esta guerra; sino sabiéndonos necesitados de nuestro Salvador. Reconocemos que no podemos ganar esta lucha por nuestros propios medios. Necesitamos que la Palabra del Señor siga transformándonos, renovando nuestra mente (Ro. 12:2), hasta que «lleguemos a la unidad de la fe y del conocimiento pleno del Hijo de Dios, a la condición de un hombre maduro, a la medida de la estatura de la plenitud de Cristo» (Ef. 4:13). Todo esto debemos hacerlo en dependencia del Espíritu Santo y «[estimulándonos] unos a otros al amor y a las buenas obras» (He. 10:24). Por eso escribimos: queremos ayudar a «capacitar a los santos para la obra del ministerio, para la

---

1. Martin H. Manser, *Dictionary of Bible Themes: The Accessible and Comprehensive Tool for Topical Studies* [Diccionario de temas bíblicos: La herramienta accesible y comprensiva para estudios de tópicos] (Londres, Inglaterra: Martin Manser, 2009), «Pride» [«Orgullo»].

2. Walter A. Elwell y Barry J. Beitzel, «Pride» [«Orgullo»], *Baker Encyclopedia of the Bible* [Enciclopedia Baker de la Biblia] (Grand Rapids: Baker Book House, 1988), p. 1752.

3. Manser, *Dictionary of Bible Themes* [Diccionario de temas bíblicos], «Evil of Pride» [«El mal del orgullo»].

4. Walter M. Dunnett, «Pride» [«Orgullo»], en *Evangelical Dictionary of Biblical Theology*, Baker Reference Library (Grand Rapids: Baker Book House, 1996), p. 630.

edificación del cuerpo de Cristo» (Ef. 4:12). Por eso arde nuestro corazón: queremos brindar herramientas que nos ayuden a luchar cada día contra nuestro orgullo, de manera que «crezcamos en todos los aspectos en aquel que es la cabeza, es decir, Cristo» (Ef. 4:15).

Es nuestra oración que al leer estas páginas puedas ser animado, desafiado, exhortado y bendecido. Aunque no pretendemos brindar un estudio que analice todas las instancias en las que la Biblia habla acerca del tema, hemos tratado de ser tan exhaustivos como nos ha sido posible, de tal manera que sean expuestas muchas de las áreas en las que puede existir el orgullo. El propósito es examinarnos, evaluarnos, y que la Palabra de Dios ilumine nuestra vida y continúe transformándonos.

En línea con lo anterior, Spurgeon expresó lo siguiente al introducir uno de sus escritos:

> Cierto hombre colocó una fuente contigua a una calle muy transitada. Luego, colgó una taza cerca con una cadena. Tiempo después se le dijo que un gran crítico de arte había encontrado muchos fallos en su diseño. «Pero», él preguntó, «¿beben de ella muchas personas sedientas?». Luego le dijeron que miles de personas pobres: hombres, mujeres y niños, satisfacían su sed en esta fuente. Él sonrió y dijo que no estaba preocupado por la observación del crítico. Él solo esperaba que un día caliente de verano el crítico mismo llenara la taza, fuera refrescado y alabara el nombre del Señor.[5]

Es nuestro anhelo que puedas aprovechar este libro para tu edificación. Tal como Spurgeon continuó diciendo:

> Aquí está mi fuente y aquí está mi taza. Encuentra defectos, si lo deseas, pero [por favor] bebe del agua de vida. Solo

5. Charles H. Spurgeon, «All of Grace» [«Todo por gracia»], en *The Anointed Life* [La vida ungida], pp. 7-126 (New Kensington, PA: Whitaker House), pp. 10-11.

> eso me importa. Preferiría bendecir el alma del más pobre barrendero o recolector de trapos, que agradar a un príncipe y fracasar en convertirlo para Dios.[6]

Hombre que lees estas palabras: es urgente que dejemos de vivir «conforme a la carne» y, por el contrario, lo hagamos en completa dependencia del Espíritu de Dios («por el Espíritu»), haciendo «morir las obras de la carne» (Ro. 8:13). Recordemos que «el orgullo del hombre lo humillará, pero el de espíritu humilde obtendrá honores» (Pr. 29:23). Aunque no buscamos los honores, queremos que el Señor sea agradado en nosotros y a través de nosotros.

Cada uno de los colaboradores en este libro reconoce su necesidad de Cristo en todos los aspectos de la vida para vencer al orgullo y vivir en humildad. Para facilitar el estudio del orgullo y la búsqueda de la humildad, hemos dividido el libro en seis partes. En la primera parte, se expone el pecado del orgullo (Daniel Puerto), la virtud de la humildad (Nelson Matus) y cómo podemos identificar el orgullo en nuestra vida (Josué Pineda Dale). En la segunda parte, hacemos un recorrido por el Antiguo Testamento, y miramos instancias puntuales en las que se registra el orgullo en el *Pentateuco* (Lucas Alemán), en los *libros históricos* (Douglas Torres), en los *libros poéticos* (Santiago Armel) y en los *libros proféticos* (Josiah Grauman). En la tercera parte, buscamos que sea el Nuevo Testamento el que nos hable acerca de esta lucha contra el orgullo en los *evangelios* (John Edgar Sandoval), en las *cartas de Pablo* (Alberto Solano) y en las *cartas generales y Apocalipsis* (Heber Torres). En la cuarta parte, los coautores nos dan un vistazo del orgullo en la historia de la Iglesia: primero en los escritos de los Padres de la Iglesia (Roberto Sánchez), luego en los reformadores (Santiago Armel) y, finalmente, en los escritos de Herman Bavinck (Israel Guerrero). En la quinta parte, abordamos una variedad de aspectos cotidianos en los que

6. *Ibíd.*, p. 11.

podemos encontrarnos con el orgullo, a saber: en la iglesia local (John Edgar Sandoval), en el matrimonio (Adrián Sebastián Winkler), en nuestro papel como padres (Heber Torres), en las redes sociales (Jacobis Aldana) y en el trabajo (Rudy Ordoñez). En la última parte, se hace una advertencia para el orgulloso (Ricardo Daglio) y se nos anima a confiar en Cristo y depender de Él para luchar contra el orgullo (Daniel Puerto).

Este es el primer libro del ministerio de hombres de Soldados de Jesucristo, «Hombre Renovado», y oramos que no sea el último. Damos gracias a todos los que contribuyeron a que este libro fuera una realidad, especialmente a Rudy Ordoñez, quien tuvo la iniciativa de comenzar este ministerio para que los hombres cristianos fueran edificados a través de un blog y *podcast*. Esto no solo ha permitido crear estos recursos para bendecir a la iglesia, sino que también ha hecho que conozcamos a muchos otros —en todo el mundo hispanohablante— que están buscando el mismo objetivo: ser conformados a la imagen de Cristo (Ro. 8:29).

Al mismo tiempo, «Hombre Renovado» ha permitido el comienzo de una linda amistad entre los que internamente nos autoproclamamos como «los tres mosqueteros»: Rudy, Daniel y Josué. Ha sido un verdadero privilegio mantener tantas conversaciones (a veces de madrugada) y haber sido los primeros en ser retados a vivir en humildad. Que Cristo sea exaltado a través de nuestras vidas, hogares, trabajos, ministerios, estudios y demás. Que Él sea el primero en nuestra vida, y que vivamos como Dios quiere que vivamos: como hombres humildes.

Daniel Puerto y Josué Pineda Dale
Editores Generales

PARTE 1

Para comprender el problema

1

¿Qué es el orgullo?

DANIEL PUERTO

El 3 de junio de 1741, Jonathan Edwards escribió una carta a Deborah Hatheway. Ella era una joven de 18 años, recién convertida al evangelio, que le pidió a Edwards consejo espiritual. El pastor de Northhampton le envió una carta con «algunas instrucciones sobre cómo [conducirse] en [su] carrera cristiana».[1] De los 17 consejos que Edwards listó, el número 8 dice lo siguiente:

> Recuerda que el orgullo es la peor víbora que hay en el corazón, el mayor perturbador de la paz del alma y de la dulce comunión con Cristo: fue el primer pecado cometido, y yace en lo más bajo de los cimientos de todo el edificio de Satanás, y es desarraigado con la mayor dificultad, y es el más oculto, secreto y engañoso de todos los deseos, y a menudo se arrastra sigilosamente en medio de la religión, incluso, a veces, bajo el disfraz de la misma humildad.[2]

1. Jonathan Edwards, *Jonathan Edwards' Resolutions and Advice to Young Converts* [Las resoluciones de Jonathan Edwards y el consejo a nuevos creyentes], ed. Stephen J. Nichols (Phillipsburg, NJ: P&R Publishing, 2001), p. 27.

2. *Ibid.*, p. 32.

Con toda seguridad, Edwards tomó este concepto de la Biblia misma. El escritor del Salmo 19 sabía que el orgullo es un pecado engañoso, destructivo y difícil de vencer. Él clamó a Dios rogándole: «Guarda también a tu siervo de pecados de soberbia; que no se enseñoreen de mí. Entonces seré íntegro» (Sal. 19:13).

El pecado del orgullo es tan ofensivo delante de Dios, que el Señor con toda claridad afirma que lo odia (Pr. 6:16-17; 8:13; Am. 6:8). Por eso, Dios abate y humilla a los soberbios (Is. 2:12; Dn. 4:37; 5:20). Pedro dice que «Dios resiste a los soberbios, pero da gracia a los humildes» (1 P. 5:5). Es claro que el orgullo no es poca cosa ante Él. No es algo que Dios tome a la ligera. La Biblia no deja lugar a dudas o especulación en cuanto a la opinión de Dios acerca del orgullo, la soberbia, la arrogancia o la jactancia: «Ojos altivos y corazón arrogante... eso es pecado» (Pr. 21:4).

Una definición

Pero, ¿qué es el orgullo? En las Escrituras hay diez palabras hebreas y dos griegas que se refieren al orgullo (o sus sinónimos). Estos términos describen a personas elevadas o exaltadas en actitud.[3] La palabra hebrea «גֵּאָה (gueá)» que se traduce como «orgullo» en Proverbios 8:13, viene de una raíz que significa «elevarse».[4] La palabra griega «ὑπερηφάνους (juperéfanos)», traducida como «soberbios» en Lucas 1:51, significa «mostrarse sobre los demás».[5] Esta palabra está compuesta por dos términos: «ὑπέρ (juper)», que significa «encima» o «sobre», y «φαίνεσθαι (fainesthai)», que significa «mostrarse».[6] Juan Calvino dice que esta palabra se refiere a «los que están levantados, por así decirlo, en

---

3. Walter A. Elwell y Barry J. Beitzel, «Pride» [«Orgullo»], en *Baker Encyclopedia of the Bible* [La enciclopedia bíblica Baker], pp. 1752-1753 (Grand Rapids: Baker Books, 1988), p. 1752.

4. Alfonso Lockward, *Nuevo Diccionario de La Biblia* (Miami, FL: Editorial Unilit, 1999), p. 775.

5. William Barclay, *Palabras griegas del Nuevo Testamento: Su uso y significado* (El Paso, TX: Casa Bautista de Publicaciones, 1977), p. 103

6. *Ibid.*

lo alto, [y] miran con desprecio hacia abajo a los que están, por así decirlo, debajo de ellos».[7]

Pero el orgullo tiene también otra dimensión. No solamente describe la actitud de una persona hacia otra, sino también la actitud de una persona hacia Dios. El orgulloso piensa que es independiente de Dios, que no lo necesita; incluso se cree mayor que Él. En Daniel 5:20, el profeta manifiesta cómo el corazón de Nabucodonosor «se enalteció y su espíritu se endureció en su arrogancia». ¿Cómo humilló Dios a este rey? Daniel dice que

> [...] fue depuesto de su trono real y *su* gloria le fue quitada. Y fue echado de entre los hombres, su corazón se hizo semejante *al de las* bestias y con los asnos monteses *tuvo* su morada. Se le dio a comer hierba como al ganado y su cuerpo se empapó con el rocío del cielo, hasta que reconoció que el Dios Altísimo domina sobre el reino de los hombres y que pone sobre él a quien le place (Dn. 5:20-21).

Nabucodonosor creyó que era independiente de Dios, incluso superior a Él. Por eso fue humillado.

Podemos, entonces, definir el orgullo como la actitud pecaminosa del corazón humano de independencia de Dios y superioridad hacia los demás. El orgullo es pensar más alto acerca de nosotros mismos de «lo que debe[mos] pensar» (Ro. 12:3) o de lo que verdaderamente somos (1 Co. 1:27). Este pecado hace que nos percibamos arriba de todo, pensando que no necesitamos de Dios y creyendo que estamos por sobre otras personas.

Algunos ejemplos bíblicos

Esa actitud de independencia de Dios y superioridad hacia otros ha sido la característica del ser humano a lo largo de la historia. En

7. John Calvin y John Owen, *Commentary on the Epistle of Paul the Apostle to the Romans* [Comentario sobre la epístola de Pablo el apóstol a los romanos] (Bellingham, WA: Logos Bible Software, 2010), p. 82.

las Escrituras, vemos muchos ejemplos de orgullo. En las primeras páginas de la Biblia, vemos que Adán y Eva fueron tentados por Satanás con estas palabras: «Dios sabe que el día que de él comáis [del árbol que Dios les había prohibido comer], serán abiertos vuestros ojos y seréis como Dios, conociendo el bien y el mal» (Gn. 3:5). Ellos comieron del fruto porque creyeron que serían «como Dios» y, ¿quién necesita a Dios cuando puedes ser como Él?

Ocho capítulos más adelante se encuentra otro ejemplo de orgullo. Después del diluvio, los hombres se unieron para construir una torre: la torre de Babel. Ellos «dijeron: Vamos, edifiquémonos una ciudad y una torre cuya cúspide llegue hasta los cielos, y hagámonos un nombre famoso, para que no seamos dispersados sobre la faz de toda la tierra» (Gn. 11:4). Si nosotros podemos hacer nuestro propio reino y hacer como mejor nos parezca, ¿quién necesita el señorío de Dios y vivir bajo su gobierno?

Mucho más adelante, alrededor de unos 600 años antes de Cristo, vivió un rey que gobernó el imperio más grande de su tiempo: el Imperio babilónico. Este rey se llenó de orgullo. Por eso Dios envió un mensaje acerca de él por medio del profeta Isaías:

> ¡Cómo has caído del cielo, oh lucero de la mañana, hijo de la aurora! Has sido derribado por tierra, tú que debilitabas a las naciones. Pero tú dijiste en tu corazón:
>
> «Subiré al cielo, por encima de las estrellas de Dios levantaré mi trono, y me sentaré en el monte de la asamblea, en el extremo norte. Subiré sobre las alturas de las nubes, me haré semejante al Altísimo». Sin embargo, has sido derribado al Seol, a lo más remoto del abismo. (Is. 14:12-15).[8]

Con base en lo anterior, ¿quién necesita a Dios cuando tiene como meta ser semejante a Él? Juan Calvino, hablando de este pasaje, dice que «todos los que se atreven a atribuirse más de lo

---

8. Algunos teólogos afirman que este pasaje es también una descripción de la rebelión y la caída de Satanás. Véase, por ejemplo, Wayne Grudem, *Teología sistemática* (Miami, FL: Editorial Vida, 2007), p. 431.

que Dios permite son culpables de exaltarse a sí mismos contra Dios, como si le declararan la guerra; porque donde hay orgullo, ahí también hay desprecio contra Dios».[9]

Encontramos otro ejemplo en el Nuevo Testamento, donde leemos que dos de los discípulos de Jesús le hacen una petición muy peculiar. Días antes de la crucifixión de Cristo, Jacobo y Juan se le acercaron para pedirle los puestos más altos; es decir, las posiciones de mayor poder y autoridad en su reino. Marcos se encarga de relatar textualmente la «humilde» petición: «Concédenos que en tu gloria nos sentemos uno a tu derecha y el otro a *tu* izquierda» (Mr. 10:37). ¡Vaya petición la que estos discípulos le hicieron! Ellos no querían estar debajo de nadie. No querían las posiciones más bajas. Querían estar elevados por sobre todos, en las posiciones de mayor honor, y no tienen reparo en decirlo abiertamente.

Finalmente —más no por ello la última vez que la Escritura habla acerca del orgullo—, en la tercera carta de Juan encontramos a Diótrefes, un líder de una iglesia «a quien le [gustaba] ser el primero entre ellos» (3 Jn. 9). Este hombre orgulloso, Diótrefes, junto con Adán, Eva, los hombres de la torre de Babel, el rey de Babilonia, Jacobo y Juan llenan la descripción de orgullo mencionada con anterioridad: tenían una actitud pecaminosa en su corazón de independencia de Dios y superioridad hacia los demás. Ellos pensaron altas cosas acerca de sí mismos, se percibieron arriba, independientes de Dios y por sobre otras personas.

¿Qué hay acerca de nuestro orgullo?

Es fácil notar el orgullo en otros. Fácilmente podemos detectar orgullo en los diferentes personajes bíblicos, pero no siempre nos damos cuenta de nuestro orgullo. De una manera u otra, el orgullo siempre está presente. Por eso no podemos dejar de darnos por aludidos. ¿Acaso no nos hemos considerado superiores

9. Juan Calvino y William Pringle, *Commentary on the Book of the Prophet Isaiah* [*Comentario sobre el libro del profeta Isaías*] vol. 1 (Bellingham, WA: Logos Bible Software, 2010), p. 445.

a otros o independientes de Dios? Si somos sinceros, debemos responder con un rotundo: «Sí, por supuesto». Podemos dar por hecho que hemos sido orgullosos y que luchamos con ese pecado cada día. Seguimos en la misma tradición de Adán y Eva, el rey de Babilonia, Jacobo y Juan, y Diótrefes. Estar activamente consciente de tu orgullo te ayudará a permanecer alerta y a luchar contra el mismo.

El famoso predicador inglés, Charles H. Spurgeon, dijo que el orgullo «nació con nosotros y no morirá ni una hora antes que nosotros».[10] Verdaderamente son palabras muy sabias. El puritano Thomas Brooks escribió lo siguiente sobre este pecado tan propio de la naturaleza humana caída:

> *El primer mal que más acompaña a la juventud es el orgullo.* Orgullo del corazón, orgullo por la vestimenta, orgullo por las posiciones (1 Timoteo 3:6). Todos los jóvenes son susceptibles de enorgullecerse por la salud, la fuerza, las amistades, las relaciones, la inteligencia, la riqueza y la sabiduría. [Es muy raro] encontrar a un joven humilde.[11]

Aunque Brooks habla del orgullo en los jóvenes, lo cierto es que este pecado no respeta edades. A decir verdad, no respeta a nadie. Afecta a todos. Desde el más joven hasta el más viejo, todos luchamos con el orgullo y lo haremos hasta el final de nuestros días. Por eso cada día necesitamos depender de nuestro Señor.

Conclusión

La pregunta no es, entonces: ¿somos orgullosos?, sino, más bien: ¿en qué áreas de nuestra vida detectamos el pecado del orgullo y

---

10. Charles H. Spurgeon, «Fear Not» [«No teman»], *Spurgeon Gems*, 4 de octubre de 1857, visitado el 14 de julio de 2020, https://www.spurgeongems.org/sermon/chs156.pdf.

11. Thomas Brooks, *Manzanas de oro*, vol. 2, ed. por David Vela, trad. por Samuel Ortiz (Bellingham, WA: Editorial Tesoro Bíblico, 2018; Software Bíblico Logos).

la forma como se expresa? Debemos evaluar nuestra vida constantemente, depender del Señor y buscar ser conformados a su imagen cada día más. Es importante darnos cuenta de que no podremos ganar la lucha con este pecado si no lo reconocemos primero. Al mismo tiempo, no podremos hacer nada por nuestros propios medios. Si tratamos de hacerlo en nuestras fuerzas —mostrando más y más orgullo— seguiremos ofendiendo a Dios y abonando la enemistad con nuestro prójimo, hundiéndonos cada vez más en nuestro pecado. Las palabras de John Stott con respecto al orgullo son de mucha utilidad: «En cada etapa de nuestro desarrollo como cristianos y en cada esfera de nuestro discipulado cristiano, el orgullo es nuestro más grande enemigo y la humildad nuestra más grande amiga».[12] Tomemos con seriedad la lucha contra el orgullo. Si no lo hacemos, tarde o temprano nos pasará la factura. Aborrezcamos lo que Dios aborrece y amemos lo que Dios ama. ¡Que Dios nos ayude a hacer morir cada día el pecado del orgullo en nosotros!

---

12. John Stott, «Pride, humility, and God» [«Orgullo, humildad y Dios»] en *Alive to God: Studies in Spirituality* [Vivo para con Dios: Estudios acerca de la espiritualidad], ed. por J. I. Packer y Loren Wilkinson, pp. 119 (Vancouver, BC: Regent College Publishing, 2000), p. 119.

2

¿Qué es la humildad?

NELSON MATUS

Cuando cursaba una clase de teología en el 2010, quedé abrumado al constatar mi orgullo en cada área de la vida: espiritual, personal y ministerial. ¡Estaba en todos lados! Mi profesor, quien con los años llegó a ser uno de mis mentores, me dijo: «El orgullo es invisible, pero evidente». Era como si la luz de Dios en su Palabra hubiera atravesado mi alma. El Señor abrió mis ojos y no dejaba de ver orgullo, vanidad y egocentrismo en mí. Semana tras semana, en esa clase, Dios, en su gracia *dolorosa* —como la he llamado—, me enseñó un poco de la profundidad de mi orgullo. R. C. Sproul llama a ese tipo de quebrantamiento: «La misericordia severa».[1]

Entonces, en mis oraciones, comencé a clamar: «¡Hazme humilde, Señor! ¡Hazme como mi humilde Redentor!». No sabía qué era la humildad, pero sí sabía que la necesitaba con urgencia. No sabía qué era la humildad, pero podía reconocer su aroma y su forma en la vida de otros hombres piadosos. Así que me acerqué a algunos de ellos para conversar del tema; sin embargo,

1. R. C. Sproul, *La santidad de Dios* (Graham, NC: Publicaciones Faro de Gracia, 1998), p. 33.

sucedía algo muy misterioso cada vez que lo hacía: ¡Ninguno se consideraba humilde! Con mucha razón, Charles H. Spurgeon escribió: «Yo creo sinceramente que entre más gracia tenga un hombre, más sentirá su falta de gracia».[2] Como también afirmó el autor Jerry Bridges: «Los creyentes que están en crecimiento reconocen cada vez más el pecado en sus vidas [...] son más conscientes y sensibles al pecado que está en ellos».[3]

En esa clase, por primera vez, comprendí en parte lo que significa el quebrantamiento. No sabía qué era la humildad (y estoy seguro de que sé muy poco aún), pero comencé a buscarla, desearla y anhelarla intensamente. Si al leer esto te sientes de la misma forma, la buena noticia es que nunca es tarde para aprender y cambiar el rumbo. Necesitamos depender del Señor en cada parte del proceso, saber qué es la humildad y cómo debemos ponerla en práctica, de tal manera que vivamos vidas que honren a nuestro Dios y que sean de edificación para la iglesia y para todos los que nos rodean.

Una definición

La Escritura habla con claridad acerca de la humildad. En el Antiguo Testamento, por ejemplo, una de las palabras hebreas que se traducen como humildad, «צָנוּעַ (ṣānûa)», significa: «humilde, modesto, o sea, relacionado con la humildad y falta de presunción u orgullo».[4] Otra palabra, «שָׁפֵל (šāp̄ēl)», quiere decir:

> Humillado, o sea, estar en un estado de bajo estatus, implica que el objeto humillado ha sido derrotado o está en necesidad [...] ser llevado a un punto bajo, derribado, o sea,

2. Charles H. Spurgeon, «Micah's Message for Today» [«El mensaje de Miqueas para hoy»], *Spurgeon Gems*, 1 de octubre de 1893, visitado el 24 de marzo de 2021, https://www.spurgeongems.org/sermon/chs2328.pdf.

3. Jerry Bridges, *Bienaventurados los humildes: La bendición de la humildad* (Bogotá, Colombia: Editorial CLC, 2017), p. 32.

4. James A. Swanson, *Diccionario de idiomas bíblicos: Hebreo* (Bellingham, WA: Lexham Press, 2014; Logos Bible Software), «צָנוּעַ».

> que alguien criado en una posición elevada sea traído a una posición baja [...] estar a un bajo volumen de sonido.[5]

Por otra parte, las palabras griegas para hablar de humildad en el Nuevo Testamento concuerdan en significado con las que se usan en el Antiguo Testamento. Una de ellas, el griego «ταπεινός (tapeinos)» y sus derivados,[6] significa: «Bajo, abajo, pobre, humilde» en sentido negativo.[7] Aunque, como clarifica June Hunt: «En el Nuevo Testamento la humildad casi siempre tiene una connotación positiva, pues comunica bajeza (en el buen sentido) o humildad de mente».[8] En otras palabras, la humildad es exactamente lo opuesto al orgullo.

La humildad bíblica es mucho más que actos aislados específicos, como pueden también tener los inconversos, sino más bien, una virtud espiritual e interna con la que vivimos hacia Dios y hacia otros. No es algo forzado. Es parte del «fruto del Espíritu» (Gá. 5:22, NVI). Por eso somos llamados a «[andar] por el Espíritu» (Gá. 5:16) o, en otras palabras, a «[vivir] por el Espíritu» (Gá. 5:25). Debemos caracterizarnos por ser mansos, evitando hacernos «vanagloriosos» (Gá. 5:26).

La humildad es una virtud piadosa en la cual debemos andar. Debemos vivir y obrar con una actitud de «bajo volumen de sonido». ¡No en vano se dice popularmente que las carretas vacías son las que hacen mucho ruido al andar! La humildad implica un aspecto de sacrificio y entrega activa de cada individuo.

---

5. *Ibid.*, «שָׁפֵל».

6. «En el NT ταπεινός figura ocho veces, ταπεινόω 14, ταπείνωσις cuatro, ταπεινοφροσύνη siete, y ταπεινόφρων una. En total hay 34 casos, 13 de los cuales se hallan en obras paulinas, pero ninguno en el material juanino, Marcos, Hebreos, Judas, 2 Pedro ni las Pastorales». Gerhard Kittel, Gerhard Friedrich y Geoffrey W. Bromiley, «ταπεινός», en *Compendio del diccionario teológico del Nuevo Testamento*, pp. 1133-1137 (Grand Rapids: Libros Desafío, 2002), p. 1135.

7. A. E. Tuggy, *Léxico griego-español del Nuevo Testamento* (El Paso, TX: Editorial Mundo Hispano, 2003), p. 922.

8. June Hunt, *Claves bíblicas para consejería, Volumen 4* (Bogotá, Colombia: Editorial CLC, 2005), p. 154.

Andrew Murray llega al corazón del asunto: «La humildad no es ya una actitud o una virtud como las otras, es la raíz de todas. Porque solo ella asume la postura correcta ante Dios y le permite a Él, como Dios, hacerlo todo».[9] Esto implica una rendición completa, reconociendo nuestra posición delante de Dios. Por eso D. A. Carson afirma que pobreza de espíritu «no es carecer de valor, sino reconocer [nuestra] bancarrota espiritual».[10] En otras palabras, «al igual que el orgullo es la raíz de todos los pecados, la humildad es la raíz de toda justicia».[11] No es que si vivimos en humildad no valemos nada, sino que vivimos sabiendo que nuestro valor y propósito vienen de aquel que nos dio vida a nosotros, que estábamos muertos en nuestros delitos y pecados (Ef. 2:1). ¡Todo comienza por ahí! Entramos en la justificación admitiendo nuestra bancarrota, pero crecemos en la santificación con la misma postura: como el mendigo que estira la mano vacía.

La humildad reflejada en otros

Durante el año en que cursé la clase de teología que mencioné antes, seguí en mi búsqueda de respuestas en cuanto a la humildad, y me encontré con algunas impresionantes expresiones de humildad en la Biblia:

- «Entonces dije: ¡Ay de mí! Porque perdido estoy, pues soy hombre de labios inmundos y en medio de un pueblo de labios inmundos habito, porque han visto mis ojos al Rey, el Señor de los ejércitos» (Is. 6:5).
- «Por eso me retracto, y me arrepiento en polvo y ceniza» (Job 42:6).
- «Cuando lo vi, caí como muerto a sus pies» (Ap. 1:17).

9. Andrew Murray, *La humildad: La hermosura de la santidad* (Bogotá, Colombia: Editorial CLC, 2008), p. 8.

10. Donald Carson, *Comentario bíblico del expositor: Mateo* (Miami, FL: Editorial Vida, 2004), p. 148.

11. John MacArthur, *Comentario MacArthur del Nuevo Testamento: Santiago* (Miami, FL: Editorial Vida, 2014), p. 212.

- «Cuando nos difaman, tratamos de reconciliar; hemos llegado a ser, hasta ahora, la escoria del mundo, el desecho de todo» (1 Co. 4:13).

Los hombres que dijeron estas palabras eran verdaderamente humildes, pero no tenían un concepto así de ellos mismos. Comentando acerca de 1 Corintios 4:13, Leonard Ravenhill escribió lo siguiente:

> El hombre que se ha llamado a sí mismo la escoria del mundo no tiene ambiciones, por tanto, no tiene nada de qué estar celoso. No tiene reputación, por tanto, no tiene nada de qué defenderse, no tiene posesiones, por tanto, no tiene nada de qué preocuparse, no tiene derechos, por tanto, no puede sufrir agravios ¡Bendito estado! Ya está muerto, por tanto, nadie puede matarlo.[12]

Seguí leyendo libros, biografías y testimonios de pastores que admiro, y encontré lo mismo por todas partes: los hombres verdaderamente humildes no se consideraban humildes. Sabían que por sí mismos no tenían nada que ofrecer. No había nada bueno en ellos y se sentían profundamente necesitados de su Salvador, tal como los siguientes ejemplos lo evidencian:

- «Cada vez que me acuerdo de mis pecados, me siento apenado; mi hombre interior los detesta profundamente. Ahora lloro por mi corrupción» (John Knox).[13]
- «Si me pongo a examinar de cerca y con rigor lo mejor de las cosas que ahora estoy haciendo, descubro algún pecado en ellas» (John Bunyan).[14]

---

12. Leonard Ravenhill, ¿Por qué no llega el avivamiento? (Miami, FL: Editorial Peniel, 2008), pp. 119-120.

13. Citado en Watchman Nee, *Conocimiento espiritual* (Miami, FL: Editorial Vida, 1986), p. 84.

14. *Ibid.*, p. 85.

- «Me siento forzado a confesar que hasta de mi arrepentimiento me hace falta arrepentirme; hasta a mis lágrimas les hacen falta ser lavadas en la preciosa sangre de mi Redentor» (George Whitefield).[15]
- «¡Ay de mí, porque soy inmundo en mi interior! ¡Ay de mí por lo orgulloso, egoísta, hipócrita que soy!» (David Brainerd).[16]
- «Ahora siento mi propia maldad y la corrupción de mi corazón aún más profundamente que durante el tiempo anterior a mi conversión» (Jonathan Edwards).[17]

¿Cómo es posible que todos estos grandes hombres de Dios se vieran así? ¡Eran santos hombres de Dios de los que hemos aprendido tanto y a quienes admiramos tanto! Todo esto me hizo ver y entender que precisamente la clave de la humildad es verse a la luz de la gloria de Dios. Delante de Él, todo toma la perspectiva correcta. Ante su santidad, su grandeza y su gloria, no hay nadie que se compare a Él. Ahí se acaban los sentimientos de arrogancia y grandeza.

Aun y cuando no sintamos nuestra falta de humildad, lo más seguro es que no somos humildes. Siempre habrá falta de humildad —orgullo— en nuestra vida. En palabras de Jerry Bridges: «El hecho de que le demos tan poca importancia a la humildad debería hacer que nos humilláramos hasta el polvo delante de nuestro Dios glorioso y lleno de gracia».[18] Por eso, debemos exponernos de forma deliberada ante el Señor y su Palabra, para que nuestras vidas sean alumbradas adecuadamente y podamos ver cuán miopes somos en ocasiones. La santidad, la gloria y magnificencia de Dios harán que quedemos en evidencia. Solo el quebrantamiento abrirá el sendero de la humildad. Ciertamente

15. *Ibid.*, p. 86.
16. *Ibid.*, p. 88.
17. *Ibid.*, p. 87.
18. Bridges, *Bienaventurados los humildes: La bendición de la humildad*, p. 26.

«el grano de trigo [debe caer] en tierra y [morir]» (Jn. 12:24); de otra manera, no dará el fruto que el Señor desea.

Por otro lado, tal como sucede con el orgullo, difícilmente alguien afirmará ser humilde. Sin embargo, muchos pueden creerse humildes y darse a la tarea de identificar orgullo o falta de humildad en otros, pero no en ellos mismos. El libro de Proverbios puede servirnos de advertencia: «Cuando viene la soberbia, viene también la deshonra; pero con los humildes está la sabiduría» (Pr. 11:2).

No podemos ser humildes por nosotros mismos, necesitamos a Cristo

Volviendo al año 2010 —en medio de ese viaje espiritual en la clase de teología—, después de varias conversaciones con mi profesor-mentor y muchos momentos a solas con Dios en su Palabra, llegué al corazón de esta lucha: ¡La humildad es una persona en mí! ¡Yo no puedo ser humilde por mí mismo! Simplemente no puedo por mí mismo producir, vivir o andar en humildad. Necesitaba —y sigo necesitando— a mi Señor y Salvador.

La humildad no es una virtud natural del hombre. Las Escrituras señalan que somos orgullosos por naturaleza (Mr. 7:22-23; Ro. 1:29-30; 2 Ti. 3:1-2; 1 Jn. 2:16; 1 P. 5:5). Esto quiere decir que la humildad no nace con nosotros. Por eso nos resulta tan difícil ser humildes. El pecado nos hace orgullosos, no humildes. Como se mencionó antes, la humildad no tiene que ver con actos particulares que incluso los no creyentes tienen de vez en cuando, sino que se trata de una vida caracterizada y marcada por la humildad. Esto incluye afectos, motivaciones, deseos, acciones y obras externas. Y esto es algo que solo Dios puede hacer en nuestra vida.

La humildad genuina, no falsificada, es una vida expresada: es la vida de Cristo expresada por medio de la presencia del Espíritu Santo en cada uno de los regenerados. No es una vida propia, no es un fruto propio. Ese poder es el que produce, tanto de manera interna como externa, la virtud de Cristo en nosotros.

Tal como expresa Ian Thomas: «Estar en Cristo: eso es redención, pero que Cristo esté en ti: eso es santificación».[19] En Colosenses 1:27, Pablo afirma que es «¡Cristo en vosotros, la esperanza de la gloria!». Andrew Murray lo expresa diciendo: «La plenitud del Espíritu Santo es esta: Jesucristo, en su humildad, viniendo a residir en nosotros».[20] La humildad genuina ¡es una vida expresada!

No hay atajos: «El secreto es uno: mirarse a la luz de Dios, y ver cuán insignificantes que somos ante su esplendor».[21] En la luz de Dios vemos la luz (Sal. 36:9; cp. Is. 6:3-5; 1 Jn. 2:5). La humildad no solo tiene implicaciones hacia Dios. La prueba de la presencia de humildad hacia Dios tiene efectos comunitarios y externos. La humildad es una actitud voluntaria de bajarse a servir, de honrar y considerar a otros por encima y primero que a uno mismo.

¿Cómo puede emanar la belleza de la humildad de Cristo y su piedad en nosotros? Dios tiene que abrir nuestros ojos y convencernos de la putrefacción de nuestras almas. Solo así, por la obra del Espíritu Santo, andaremos por un camino de vida con aroma a quebranto, pobreza de espíritu, llanto, confesión, arrepentimiento y bajo volumen. ¡La humildad es Cristo en nosotros!

Conclusión

La humildad cristiana es una disposición o actitud interna continua hacia Dios y hacia otros. No son acciones aisladas, tonos de voz o manera de vestir. Es parte del fruto del Espíritu. Es una actitud que comienza cuando, frente a la luz de la gloriosa perfección de Dios, nos vemos tan necesitados como mendigos, pobres y sin nada que ofrecer. Al vernos así, nuestra única esperanza es caminar en dependencia del poder del Espíritu de Dios, quien, como fruto —no como meta— produce la vida y carácter de Cristo en nosotros. Por eso «puedes correr a Él y admitir la

---

19. Ian Thomas, *The Saving Life of Christ* [La vida salvadora de Cristo] (Grand Rapids: Zondervan, 1961), p. 13.

20. Murray, *La humildad: La hermosura de la santidad*, p. 16.

21. *Ibid.*, p. 34.

vergonzosa vanagloria [...] clama por la ayuda que necesitas. Tu Salvador está cerca, y Él está dispuesto y es capaz».[22]

En mi clase de teología aprendí que ese solo fue el comienzo. Sigo en el mismo camino de verme, sentirme y saberme orgulloso. Siento esa pudrición. Sin embargo, aprendí que «es ¡Cristo en [mí], la esperanza de la gloria!» (Col. 1:27). Aunque sigo sintiendo el podrido orgullo que invade mi matrimonio y mis relaciones interpersonales, ahora puedo verlo, confesarlo y correr a Cristo cada día para que Él me dé lo que yo no tengo y lo que yo no puedo producir. Con base en lo anterior, ahora podemos gozarnos al saber que «[su] poder se perfecciona en [nuestra] debilidad»; por lo tanto, «[nos gloriamos] más bien en [nuestras] debilidades, para que el poder de Cristo more en [nosotros]» (2 Co. 12:9-10). ¡La humildad es la vida de Cristo expresada en mí, en dependencia y poder del Espíritu Santo!

22. Paul David Tripp, *El llamamiento peligroso* (Graham, NC: Publicaciones Faro de Gracia, 2013), p. 227.

3

¿Cómo saber si soy un hombre orgulloso?

JOSUÉ PINEDA DALE

Difícilmente, después de leer los dos capítulos anteriores, alguien se atrevería a preguntar si en realidad es una persona orgullosa. Si no los leíste y llegaste a este capítulo por curiosidad, te animo a regresar y leerlos. Si la curiosidad te está matando y quieres saber la respuesta a la pregunta que este capítulo hace, lo que encontrarás a continuación es una serie de criterios que te ayudarán a autoevaluarte de manera muy honesta. Lo cierto es que todos, de una manera u otra, en mayor o menor medida, abierta o encubiertamente, somos orgullosos.

Estamos plagados de orgullo. Como hombres cristianos no somos inmunes a esto, sino que somos igual de propensos y vulnerables que cualquier otro ser humano. Además, la cultura del machismo, que a menudo nos marca o caracteriza, la sociedad altamente competitiva en la que vivimos y la «carrera de ratas»[1] en

1. «La carrera de ratas» es un concepto propuesto por Robert T. Kiyosaki en su libro *Padre rico, padre pobre* (Madrid, España: Aguilar, 2017), en el que describe la carrera frenética en la que todos están compitiendo unos con otros por alcanzar sus metas, aun cuando sea sin sentido o sin realmente llegar a ningún lado. Esta mención no implica una recomendación de dicho autor o libro. El concepto es citado únicamente para ilustrar el punto.

la que la mayoría se ve envuelta nos instan a ser muy orgullosos. Desde pequeños somos motivados a tener orgullo propio y a no dejarnos pisotear por nadie. Nadie quiere verse vulnerable. Todos quieren resaltar y mostrar lo mucho que valen.

Sin embargo, el hecho de que la sociedad valore el orgullo no quiere decir que sea algo bueno, admirable o digno de imitar. Lo cierto es que las Escrituras dicen que Dios aborrece el orgullo: «Abominación al Señor es todo el que es altivo de corazón…»; por eso se afirma categóricamente que «…ciertamente no quedará sin castigo» (Pr. 16:5). Esto debe hacernos temblar y temer. Gracias a Dios que, por los méritos de Cristo, somos sus hijos (Jn. 1:12) y somos aceptos ante Él (Ro. 8:1) únicamente por gracia (Ef. 2:8). Como seguimos y seguiremos teniendo orgullo mientras vivamos, tendremos que luchar cada día con este pecado, en absoluta dependencia de Él, hasta que seamos completamente transformados.

Aunque seguiremos teniendo orgullo, el mismo no puede ni debe dominarnos, puesto que el pecado ya no es nuestro amo (Ro. 6:17-18), sino solo Jesús. A continuación, veremos cinco razones por las que podemos afirmar que somos hombres que destilamos orgullo y que necesitamos constantemente acudir al Señor, hacer morir este pecado y cultivar un corazón humilde. Recordemos constante e insistentemente que «el Señor es excelso, y atiende al humilde, mas al altivo conoce de lejos» (Sal. 138:6).

Si respiramos, somos orgullosos

La primera razón por la que podemos estar seguros de que somos hombres orgullosos es porque estamos vivos. Si respiramos, es que estamos vivos, y si estamos vivos —aun y cuando estemos en Cristo (Gá. 3:26-28)—, tenemos orgullo circulando por nuestras venas. No podemos evitarlo. Es parte de ser humanos corruptibles y afectados por el pecado en todas las esferas de nuestra vida. William Perkins, el padre del puritanismo, escribió que el orgullo de corazón es «natural» y que si no lo vemos en nosotros «nuestro caso es el peor».[2] Más allá de la cultura, la sociedad o nuestra propensión al orgullo, la verdadera razón por la que tenemos orgullo es porque somos pecadores. Gracias damos a Dios que, estando «muertos en [nuestros] delitos y pecados», fuimos traídos a salvación por medio de Cristo (Ef. 2:1). Sin embargo, aunque hemos sido librados del poder del pecado —«Porque el pecado no tendrá dominio sobre [nosotros]» (Ro. 6:14a)—, la presencia del pecado sigue y seguirá en nosotros hasta que seamos plenamente redimidos (1 Co. 15:51-52). Mientras tanto, debemos seguir luchando contra este pecado (Ro. 7:24) hasta el final de nuestros días.

El hecho de que «Dios resiste a los soberbios pero da gracia a los humildes» (Stg. 4:6b) debe servirnos de recordatorio y advertencia diaria para luchar contra nuestro orgullo. A menudo pedimos gracia a Dios para nuestro día; sin embargo, si estamos alimentando nuestro orgullo, no solo evitaremos recibir gracia de parte de Dios, sino que también seremos resistidos. ¡Eso es de terror! La solución es clara: «Humillaos en la presencia del Señor y Él os exaltará» (Stg. 4:10). Evitemos a toda costa autoexaltarnos y buscar el reconocimiento de los hombres. Busquemos, en cambio, humillarnos delante de Él y exaltarlo solo a Él, para que solo Él se lleve la gloria. A su tiempo, si hacemos bien —con corazones humildes— Él nos exaltará.

Si tenemos un alto concepto de nosotros, somos orgullosos

La segunda razón por la que podemos estar seguros de que somos hombres orgullosos es porque a menudo nos caracterizamos por tener un buen concepto de nosotros mismos. Difícilmente tenemos un mal autoconcepto. Seamos sinceros: nadie habla mal de sí mismo, salvo en contadas ocasiones en donde hacemos

2. J. Stephen Yuille, *The Works of William Perkins*, Volume 1 [*Las obras de William Perkins*, Volumen 1] (Grand Rapids: Reformation Heritage Books, 2014), pp. 438-439.

autocrítica o nos reímos de nosotros mismos. Es más común hablar mal de otros y tener un mal concepto de otros que de nosotros mismos. Constantemente buscamos promovernos, hablar de lo que hicimos, de lo que nos gusta o disfrutamos, de las buenas o malas experiencias que tuvimos, etc. De alguna manera nos gusta ser el centro de atención. Como hombres nos gusta exagerar nuestras historias, hacernos ver fuertes y sabios y evitar el conflicto siempre que podamos. En la entrada de una tienda de artículos de pesca y caza dice: «Bienvenidos a la tierra de los hombres más mentirosos del mundo: los pescadores y los cazadores». ¡Algunos pescadores aseguran que pescaron un megalodón! Con nuestras palabras y acciones nos inflamos; pero esto no agrada a Dios: «Ojos altivos y corazón arrogante, lámpara de los impíos; eso es pecado» (Pr. 21:4).

Por esa razón, Pablo nos recuerda que «en virtud de la gracia que [nos] ha sido dada, [...] a cada uno de [nosotros] que no piense más alto de sí que lo que debe pensar, sino que piense con buen juicio, según la medida de fe que Dios ha distribuido a cada uno» (Ro. 12:3). Debemos pensar acerca de nosotros mismos con mesura, sabiendo que no somos más que pecadores regenerados. Es el Señor quien ha hecho toda la obra. No hay espacio para nuestro orgullo. La gloria debe ser solo para Él. En otras palabras: si hay algo bueno en nosotros es únicamente por la gracia de Dios. Ciertamente, la altivez —el orgullo— solo traerá penuria a nuestra vida, alejándonos del propósito para el cual fuimos creados: «Cuando viene la soberbia, viene también la deshonra; pero con los humildes está la sabiduría» (Pr. 11:2).

Si creemos merecer algo, somos orgullosos

La tercera razón por la que podemos estar seguros de que somos hombres orgullosos es porque, a menudo, creemos merecer algo o —en todo caso— nos comportamos como que somos merecedores de algo. Ante los ojos del mundo, puede parecer que nuestro esfuerzo en la vida, nuestro sacrificio, lo que hemos vivido, lo que hemos alcanzado o estudiado, nos hace ser merecedores de muchas cosas. En ocasiones encontramos gente que nos dice: «Sigue adelante, te mereces eso y mucho más. Te mereces lo que has logrado. Es tu esfuerzo el que te ha llevado hasta aquí», y así sucesivamente. Esos comentarios, aunque tengamos la teología correcta, pueden hacernos sentir y aún hacernos comportar pecaminosamente, pensando que somos superiores a otros. Sabemos que somos del Señor porque Él nos salvó (Tit. 3:5), que la salvación es de Él (Sal. 3:8) y que no merecemos su amor y perdón. No obstante, frecuentemente nos encontramos demandando cosas —muchas veces sin darnos cuenta—, porque creemos ser merecedores de algo. Esa no es la actitud que el Señor quiere de nosotros.

Hablando al respecto, una vez escuché a un pastor decir que como creyentes tenemos que estar conscientes de que somos alfombras. Nada más que eso. Las alfombras tienen un propósito. Pues entonces, cumplamos nuestro propósito y tengamos siempre presente lo que somos delante de Dios. Esto fue lo que Dios quiso que Israel hiciera al entrar a la tierra prometida. Él les dio casas, viñas y posesiones que ellos no edificaron, labraron ni obtuvieron por sus propios medios (Dt. 6:10-11). Por eso, Dios les advirtió, por medio de Moisés, que una vez obtuvieran esos beneficios no se olvidaran de Él, quien los había sacado de Egipto y les daría todo (Dt. 6:12). No merecían nada, pero Dios les había dado todo. Debían tener cuidado de no jactarse por lo que tenían y enfocarse en las bendiciones y no en aquel que era la fuente de esas bendiciones. De igual forma, ¡huyamos de la altivez! No permitamos que el orgullo permee nuestra vida. Busquemos la humildad y no seamos sabios en nuestra «propia opinión» (Ro. 12:16). Dicho de otra manera, si hay algún valor en nosotros es solo por los méritos de Cristo, por su sacrificio, por su gracia, por su amor, por su misericordia, por su fidelidad, por su soberana voluntad. No merecemos nada y, a menudo, tenemos más de lo que merecemos o necesitamos, aun y cuando Dios ya nos ha bendecido con toda bendición espiritual en Cristo (Ef. 1:3).

Si pensamos haber logrado algo, somos orgullosos

La cuarta razón por la que podemos estar seguros de que somos hombres orgullosos es porque fácilmente nos jactamos de lo que hemos logrado. Desde chico, un hombre se jacta de las buenas notas que saca, del golazo que metió en un partido de fútbol, de lo rápido que corre, de cuántos pedazos de pizza puede comerse, etc. Esta práctica puede seguirnos toda la vida, y no nos damos cuenta de que realmente estamos haciendo relucir el orgullo. Al hacer esto, estamos dando oportunidad para hacernos creer a nosotros mismos y al mundo que hemos llegado hasta aquí debido a nuestro esfuerzo. Esto nos da un sentido de autosatisfacción y autosuficiencia que nos hace caer de varios pisos de altura tan pronto llega la aflicción. Cuando el fracaso toca a la puerta, de pronto —ya que todo depende de nosotros—, no acudimos a Dios por ayuda, sino que nos frustramos, pataleamos, crujimos los dientes y nos lamentamos. No podemos dejar que el orgullo domine nuestra vida. No podemos dejar que las ansias por conseguir éxito nos controlen. No podemos dejar que algo compita con la gloria que es debida al nombre de Dios (Sal. 29:2).

Como hijos de Dios, reconozcamos que nuestros logros son realmente obra de Dios. Él es el soberano y siempre mantiene el control de todo. Tanto lo bueno como lo malo que sucede en nuestra vida no es por el mucho o poco esfuerzo que hicimos. No podemos ni siquiera respirar por nosotros mismos, pues «en Él vivimos, nos movemos y existimos» (Hch. 17:28). Por lo tanto, debemos siempre tener la perspectiva correcta, tal como la Palabra de Dios nos exhorta: «No se gloríe el sabio de su sabiduría, ni se gloríe el poderoso de su poder, ni el rico se gloríe de su riqueza» (Jer. 9:23). No nos reconozcamos a nosotros mismos, ni nos jactemos de lo que hemos logrado; en cambio, busquemos «que [nos] alabe el extraño, y no [nuestra] boca; el forastero, y no [nuestros] labios» (Pr. 27:2). Humillémonos delante del Señor y demos siempre la gloria a Él.

Si nuestra motivación no es siempre la gloria de Cristo, somos orgullosos

La quinta razón por la que podemos estar seguros de que somos hombres orgullosos es porque, si somos bien sinceros, Cristo no es siempre nuestra motivación en todo lo que hacemos. Difícilmente podría la descripción del impío, por ejemplo, ser la nuestra como hijos de Dios, ya que él, «en la altivez de su rostro, no busca a Dios. Todo su pensamiento es: No hay Dios» (Sal. 10:4). Nosotros sabemos y reconocemos «que Él existe» (He. 11:6). Lo amamos y servimos, pero no siempre lo hacemos de la manera correcta. Esto puede sucedernos, incluso, en la iglesia. Podemos hacer creer que nuestra motivación es Cristo y su gloria, pero verdaderamente lo hacemos para quedar bien con otros, para hacernos un nombre o, incluso, para acallar nuestra conciencia porque nos sentimos culpables. Sin embargo, Pablo escribió que no debemos hacer nada «por egoísmo o por vanagloria, sino que con actitud humilde cada uno de [nosotros] considere al otro como más importante que a sí mismo» (Fil. 2:3).

Tenemos que evaluar nuestras intenciones y motivaciones para todo lo que hacemos, sabiendo que somos llamados a dar gloria a Dios en todo y siempre: «Y todo lo que hagáis, hacedlo de corazón, como para el Señor y no para los hombres; sabiendo que del Señor recibiréis la recompensa de la herencia. Es a Cristo el Señor a quien servís» (Col. 3:23-24). No podemos ni debemos bajar el estándar. Dios es digno de toda honra y gloria y debemos dar «la gloria debida a su nombre» (Sal. 29:2). Ya sea que hablemos o hagamos algo, debemos hacerlo todo para Él: para mostrar con nuestra vida y acciones que somos de Él, para darle un fruto agradable y para que su nombre sea supremamente exaltado siempre.

Conclusión

Si estás leyendo esto es porque probablemente te has preguntado si hay orgullo en ti. Con toda seguridad, al evaluarnos sinceramente, la respuesta será que sí, hay orgullo en nosotros. Los cinco puntos anteriores nos exponen como hombres orgullosos. El pecado del orgullo está en nosotros. Sin embargo, ten esperanza, porque «si confesamos nuestros pecados, Él es fiel y justo para perdonarnos los pecados y para limpiarnos de toda maldad» (1 Jn. 1:9). No estamos solos (Mt. 28:20). Por lo tanto, dependamos del Señor y vivamos cada día rindiendo este pecado a los pies de la cruz, sabiendo que fuimos «lavados» (1 Co. 6:11), «sellados» (Ef. 4:30) y perdonados (Ef. 4:32) «para siempre» (He. 10:12) por nuestro Señor. No dejes para más tarde la batalla contra el orgullo, porque te consumirá.

No olvidemos que «delante de la destrucción va el orgullo, y delante de la caída, la altivez de espíritu» (Pr. 16:18). Luchemos contra este pecado, aferrados del Señor y de la verdad de su Palabra. No descuidemos nuestra vida. Debido a lo trascendental y peligroso que es el orgullo, la Escritura habla de un final catastrófico para todo altivo al final de los tiempos:

> La mirada altiva del hombre será abatida, y humillada la soberbia de los hombres; el Señor solo será exaltado en aquel día. Porque el día del Señor de los ejércitos vendrá contra todo el que es soberbio y altivo, contra todo el que se ha ensalzado, y será abatido (Is. 2:11–12).

Que el Señor nos guarde de la altivez y que nos guarde del orgullo. Arrepintámonos hoy mismo y busquemos activamente la humildad, para que Cristo sea el único que sea exaltado en nuestra vida.

PARTE 2

El orgullo en el Antiguo Testamento

4

EL ORGULLO EN EL PENTATEUCO

La importancia de matar el orgullo a tiempo

LUCAS ALEMÁN

Desde el principio, el orgullo presenta una constante batalla contra Dios, y se propaga entre nosotros con mucha facilidad. Se nutre de casi cualquier cosa con tal de no sucumbir ante la búsqueda de la humildad que Dios demanda de todos nosotros. Este pecado es único. Todos los pecados nos alejan de Dios, pero el orgullo es un ataque directo a Dios, porque busca destronarlo con el fin de entronizarse a sí mismo, cueste lo que cueste.

Por esta razón Dios «[reprende] a los soberbios» (Sal. 119:21) y no tolera nunca a los que son «[altivos] de corazón» (Pr. 16:5). *Siempre* los «resiste» (Stg. 4:6; 1 P. 5:5) y, de hecho, «se burla» de ellos (Pr. 3:34), tal como lo hizo con Faraón en el libro de Éxodo. Dios ya había mandado siete plagas cuando le hizo a Faraón una de las preguntas más particulares de todo el Antiguo Testamento, por medio de Moisés y Aarón: «¿Hasta cuándo rehusarás humillarte delante de mí?» (Éx. 10:3). Las siete «señales» anteriores deberían haber sido suficientes para dejar en libertad al pueblo de Dios (Éx. 10:2). Sin embargo, Faraón se obstinó, «pecó otra vez» (Éx. 9:34) y «se endureció» aún más (Éx. 9:35; cp. Éx. 8:15, 32).

El orgullo del primer faraón

Esta no era la primera vez que un faraón se enaltecía en su corazón. Anteriormente ya «se [había levantado] «sobre Egipto» un «nuevo rey» que se caracterizaba por su orgullo y «que no [había conocido] a José» (Éx. 1:8; cp. Gn. 47:11-27). No solo había rechazado cualquier acuerdo previo con José, sino que también había concebido con astucia un plan, que tenía como primer objetivo debilitar a «los hijos de Israel» *para así* engrandecer su reino (Éx. 1:9-11). Sin embargo, Dios tenía otros planes, porque «cuanto más los oprimían, más se multiplicaban y más se extendían» (Éx. 1:12a). No había otra forma de explicar esto aparte de que Dios estaba con su pueblo (cp. Éx. 33:15–17). En otras palabras, Dios hizo fracasar la política opresora de Faraón de manera poderosa.

Muchos años antes, Dios le había prometido a Abraham que haría de él «una nación grande» (Gn. 12:2). A pesar de que al principio solo «setenta» personas entraron a Egipto (Éx. 1:5), providencialmente «los hijos de Israel fueron fecundos y aumentaron mucho, y se multiplicaron y llegaron a ser poderosos en gran manera, y la tierra se llenó de ellos» (Éx. 1:7; cp. Gn. 1:28). Pero Faraón se aferró a su orgullo e hizo «trabajar duramente» a los hijos de Israel (Éx. 1:13), y enseguida manifestó dicha actitud al imitar a «[su] padre el diablo» —quien «fue un homicida desde el principio» (Jn. 8:44)— e intentó limitar el crecimiento del pueblo de Dios. Faraón mandó a matar a todos los descendientes varones por medio de «las parteras de las hebreas» (Éx. 1:15) a quienes les ordenó: «Cuando estéis asistiendo a las hebreas a dar a luz, y las veáis sobre el lecho del parto, si es un hijo, le daréis muerte, pero si es una hija, entonces vivirá» (Éx. 1:16). Sin embargo, las parteras «temían a Dios» y «dejaron con vida a los niños» (Éx. 1:17). *Irónicamente* para Faraón —más no para Dios—, el resultado fue que «el pueblo se multiplicó y llegó a ser muy poderoso» (Éx. 1:20).

Faraón no podía con Dios ni con el pueblo de Dios, pero su orgullo no le permitiría rendirse. Por eso, hizo pasar un decreto en todo Egipto que decía: «Todo hijo que nazca lo echaréis al Nilo, y a toda hija la dejaréis con vida» (Éx. 1:22). Por «la altivez de su rostro», Faraón «no [buscó] a Dios en «todo su pensamiento» (Sal. 10:4) pero, aun así —en otra demostración de ironía—, uno de los hijos de Israel terminó en la propia casa de Faraón (Éx. 2:1-10). Todos sus esfuerzos fueron superados por Dios, quien desde «los cielos» se estaba burlando al compás de su soberanía absoluta, que lo determina todo (Sal. 2:4), incluso el lugar de donde vendría el libertador de su pueblo. Pasaron los años y ese «rey de Egipto» murió (Éx. 2:23). Con todo, la situación de «los hijos de Israel» no cambió y todavía «gemían a causa de la servidumbre» (Éx. 2:23). De hecho, Éxodo evidencia que se levantó otro Faraón mucho más orgulloso que el anterior (Éx. 10:3). Sin embargo, Dios no se olvidó de «su pacto con Abraham, Isaac y Jacob» (Éx. 2:24), sino que «reconoció» (Éx. 2:25, RVR60) la condición de su pueblo.

Dios odia el orgullo

Por todo lo anterior, cuando Dios se apareció a Moisés «en una llama de fuego, en medio de una zarza» (Éx. 3:2), se identificó a sí mismo como «el Dios de Abraham, el Dios de Isaac y el Dios de Jacob» (Éx. 3:6). No solo quería dejar en claro que era el mismo Dios de sus antepasados, sino que quería enfatizar que aún se acordaba de todas sus promesas (Gn. 12:2-3; 17:3-8; 26:2-5, 23-24; 28:12-15). Inmediatamente, Moisés se humilló ante su presencia (Éx. 3:5; cp. Nm. 12:3), cubriendo «su rostro, porque [tuvo] temor de mirar a Dios» (Éx. 3:6) cuyo nombre es «YO SOY EL QUE SOY» (Éx. 3:14). Su nombre le dio a entender a Moisés que Dios no tiene principio ni fin. Vive en un permanente presente por la eternidad, y su naturaleza, en efecto, no cambia (Éx. 3:15). No puede ser manipulado ni forzado a nada, porque Dios es hoy quien fue ayer y quien será mañana. Lo que aborreció en el paraíso (Gn. 3:1-24), lo sigue abominando hoy, porque su carácter es inmutable (Mal. 3:6; Stg. 1:17).

La actitud de Dios hacia el orgullo ha permanecido intacta, aún desde antes que Adán y Eva pecaran (Gn. 1:31). El diablo fue quien primeramente «se enalteció» en su corazón (Ez. 28:17) y dijo: «Subiré al cielo, por encima de las estrellas de Dios levantaré mi trono, y me sentaré en el monte de la asamblea, en el extremo norte. Subiré sobre las alturas de las nubes, me haré semejante al Altísimo» (Is. 14:13-14). Muchos ángeles le siguieron y, como resultado, Dios «los ha guardado en prisiones eternas, bajo tinieblas para el juicio del gran día» (Jud. 6). No hay duda alguna, entonces, de que Dios odia el orgullo con base en su naturaleza.

La oportunidad desperdiciada del segundo faraón

Tal como vimos al inicio de este capítulo, hubo un segundo Faraón, que se caracterizó también por su orgullo (Éx. 7:14–9:35). Siete plagas no fueron suficientes para que reconociera «que no hay otro como [Dios] en toda la tierra» (Éx. 9:14). Pero, ciertamente, esto no podía permanecer así para siempre. No hay lugar para el altivo delante de Dios (Sal. 5:5). Tarde o temprano, «todo el que es soberbio y altivo [...] será abatido» por Dios (Is. 2:12). No hay escapatoria, ya que juró por sí mismo «que ante [Él] se doblará toda rodilla» (Is. 45:23; cp. Fil. 2:10-11). De igual modo, Faraón «no [quedaría] sin castigo», pues es lo que le espera a todo aquel «que es altivo de corazón» (Pr. 16:5). En otras palabras, su «destrucción» o quebrantamiento estaba por ocurrir en cualquier momento (Pr. 18:12). Es precisamente por eso que Dios le pregunta: «¿Hasta cuándo rehusarás humillarte delante de mí?» (Éx. 10:3).

¡Esta era la mejor oportunidad que Faraón tenía de arrepentirse! Hasta sus propios «siervos» se dieron cuenta de la destrucción que había sobrevenido sobre Egipto a causa de su orgullo obstinado (Éx. 10:7). Pero Faraón no permitió que todos los hijos de

Israel salieran (Éx. 10:11). Por lo tanto, Dios envió tres plagas más sobre el pueblo de Egipto (Éx. 10:12-12:30), hasta que fueron humillados (Éx. 12:31-36).

Conclusión

El orgullo es tan desagradable para Dios, que ocupa el primer lugar de lo que parece ser una versión veterotestamentaria de «los siete pecados capitales» (Pr. 19-6:16). En su esencia, es incompatible con lo que Dios es, fue y siempre será (Lv. 19:2; 20:26; 21:8). Aunque todavía no hemos visto a Dios tal «como Él es» (1 Jn. 3:2), sí se ha revelado lo suficiente en el Éxodo, en el Pentateuco y en toda la Escritura, como para que seamos más humildes de lo que verdaderamente somos. Reconozcamos, pues, nuestra soberbia. No perdamos ni un minuto más. No sigamos el ejemplo de Faraón. Reconocer nuestra soberbia es el primer paso para adquirir la humildad que Dios demanda de todos nosotros.

No podemos suponer que «el orgullo [y] la arrogancia» serán el producto del «temor del Señor» (Pr. 8:13) en nuestra vida. El orgullo nunca confiesa ni tampoco se arrepiente de pecado. Ahora bien, si ni siquiera estamos dispuestos a hacer esto es porque todavía pensamos «más alto de [nosotros] que lo que [debemos] pensar» (Ro. 12:3). No podemos hacer nada antes de este paso.

Al mismo tiempo, procuremos la humildad con todas nuestras fuerzas, pues *solamente* allí abunda la gracia de Dios (Stg. 4:6; 1 P. 5:5). Dios no tolera los «ojos altaneros» ni el «corazón arrogante» (Sal. 101:5). Nunca lo ha hecho y, ciertamente, tampoco lo hará «cuando Él se manifieste» (1 Jn. 3:2). Si se burló de Faraón y «no perdonó a los ángeles» (2 P. 2:4) que buscaron destronarlo (Jud. 6), ¿qué nos hace pensar que tratará con nuestro orgullo de manera diferente si no nos arrepentimos del mismo? Ante sus ojos, hay «más esperanza [...] para el necio que» para el soberbio (Pr. 26:12). Por tanto, «[revistámonos] de humildad [...] bajo la poderosa mano de Dios» antes de que sea demasiado tarde (1 P. 5:5-6).

5

EL ORGULLO EN LOS LIBROS HISTÓRICOS

Los ojos del Señor sobre el altivo

DOUGLAS TORRES

Los *libros históricos*, que van desde el libro de Josué hasta el libro de Ester en nuestras Biblias modernas, relatan gran parte de la historia de Israel y son relevantes para nosotros hoy. Estos libros registran cómo fue el establecimiento de la nación de Israel en la tierra prometida, cómo pasó de ser una nación con un gobierno teocrático a un gobierno monárquico y el gran apogeo que Israel alcanzó. No obstante, también registran su infortunio tras dividirse, cómo fueron conquistados y llevados al exilio y, al final, los últimos tres libros narran cómo empezó el resurgimiento o repatriación desde el cautiverio. En esta sección de la Biblia encontramos numerosos ejemplos de orgullo —así como de humildad— que nos servirán de advertencia y estímulo para vivir como hombres renovados que estamos «en Cristo» (2 Co. 5:17).

El peligro detrás del orgullo

El orgullo es fatal y nocivo para el ser humano, tal como la Escritura atestigua en los *libros históricos*:

- El orgullo es pecado delante de Dios (2 S. 22:28; Neh. 9:16; 9:29).
- El orgullo se desarrolla en el corazón (2 Cr. 32:24-25; Est. 7:5).
- El orgullo provoca que el hombre piense primordialmente en sí mismo (1 S. 18:7-12; Est. 6:6-9).
- El orgullo se hará presente cuando no se sabe manejar el éxito (2 Cr. 26:16; 2 R. 14:10).
- El orgullo genera envidia del éxito de otros (1 S. 18:7-9).
- El orgullo provoca que el hombre no quiera someterse (2 R. 5; 2 Cr. 36:12; Neh. 9:16)
- El orgullo hace que el hombre busque reconocimiento constantemente (Est. 1:1-4, 11; 3:5; 1 S. 15:12).
- El orgullo hace al hombre autosuficiente (1 Cr. 21; 2 R. 18:19-35; 2 Cr. 25:14-16).
- El orgullo hace que el hombre se irrite cuando siente que no se lo toma en cuenta (Jue. 12:1; Est. 3:5; 5:9).
- El orgullo puede provocar que se hagan cosas irracionales (1 S. 20:33; 22:17).
- El orgullo es castigado por Dios (2 R. 19:28; 2 S. 22:28).

En resumen, el orgullo es una actitud pecaminosa que es constantemente condenada por Dios en la Escritura, pues el Creador no acepta la soberbia y la arrogancia humanas. De hecho, puede corregirse (2 Cr. 7:14; 32:25-26). Este pecado tan común pero al mismo tiempo tan dañino, hace que el hombre no quiera seguir las directrices que Dios le ha dado. Esto es tan grave que a menudo nos encontramos pensando que sabemos mucho más que Dios —al menos eso es lo que nuestro orgullo nos hace creer. Pero, antes de que nos veamos tentados a culpar a algo o alguien más de nuestro orgullo, es importante darnos cuenta de que este mal no es algo externo a nosotros, sino que es un problema interno; es una actitud pecaminosa que proviene del corazón. Una de las características fundamentales del orgullo es su visión antropocéntrica de la vida. En otras palabras, para el orgulloso, él es el centro de todo. Todo lo demás gira a su alrededor. El orgullo en el hombre puede creer e incluso hacerle creer a los que lo rodean, que tiene cierto interés en los demás, sin embargo, tal interés será solo secundario, pues él mismo siempre será la prioridad. El orgullo necesita de otros para jactarse e inflarse por medio de reconocimientos, pero cree que no necesita de otras personas para triunfar, incluyendo a Dios. Por todo lo anterior, es grande y latente el peligro de no hacer morir el orgullo en nuestra vida.

Una oración de confesión

En Nehemías 9 se encuentra una oración en la que se confiesa el pecado de orgullo. Esta oración puede servirnos para entender el alcance de nuestro orgullo y cómo debemos reaccionar ante el mismo. El contexto de esta oración es un avivamiento que el Señor había traído por medio de Nehemías y Esdras (Neh. 8). Mientras el pueblo de Israel ayunaba, adoraba al Señor y recordaba las grandes bendiciones de Dios, reconocieron sus pecados y los de sus padres, confesando que «obraron con *soberbia*, endurecieron su cerviz y no escucharon [sus] mandamientos [...] sino que pecaron contra [sus] ordenanzas [...] Y dieron la espalda en rebeldía, endurecieron su cerviz y no escucharon» (Neh. 9:16, 29, énfasis añadido). La exposición de la Palabra de Dios en el capítulo anterior hizo que se arrepintieran de su pecado, reconociéndolo y confesándolo delante del Señor.

En ambos versículos de Nehemías 9 se encuentra la palabra *soberbia*, que es la traducción de la palabra hebrea «זִיד (zîd)», y tiene que ver con ser arrogante, insolente u orgulloso.[1] El orgullo del pueblo había sido grande. Por eso, los detalles en la oración son esclarecedores, ya que ayudan a comprender su alcance. Al leer con atención los dos versículos en cuestión,

1. Willem VanGemeren, *New International Dictionary of Old Testament Theology & Exegesis* [Nuevo diccionario internacional de teología y exégesis del Antiguo Testamento] (Grand Rapids: Zondervan, 1997), p. 1094.

puede notarse que el orgullo es descrito con diferentes conceptos o actitudes: «obraron con *soberbia*» (9:16, 29), «endurecieron su cerviz» (9:16, 29), «no escucharon tus mandamientos» (9:16, 29), «pecaron contra tus ordenanzas» (9:29) y «dieron la espalda en rebeldía» (9:29). Y es que la arrogancia y el orgullo hacen al hombre terco para no oír la voz del Señor; por ello, este mal se convierte en una barrera para recibir la Palabra de Dios y, en consecuencia, conduce a más pecados. Como el pueblo mismo lo reconoce, la soberbia los llevó a rechazar la Palabra de Dios y actuar contra lo que Él había mandado (Neh. 9:16). En su orgullo, el pueblo se hizo sordo a la voz de su Dios, y prefirió actuar de acuerdo con su propia voluntad. En otras palabras, no tenía la intención de someterse ante el Creador. Sin embargo, llegó el día en que pudieron, en humildad, confesar su pecado de orgullo y arrepentirse.

Dios humilla al altivo

Si el hombre orgulloso no se arrepiente, debe saber que el Señor es santo y no tolera el pecado. En 2 Samuel 22:28, David, de manera directa y clara, deja al lector con una advertencia severa al orar al Señor de la siguiente manera: «Salvas al pueblo afligido, pero tus ojos están sobre los altivos a quienes tú humillas». David sabía de lo que hablaba: Dios está en contra de los orgullosos. Le desagrada la soberbia. El término *altivo* es la traducción del término hebreo «רום (rûm)» que tiene que ver con elevarse o exaltarse, así como llenarse de soberbia u orgullo.[2] Esto implica ponerse en un lugar que no nos corresponde. Esa es la razón por la que a Dios, quien es santo y bendito, le desagrada que el hombre llene su corazón de orgullo y llegue a asignarse un valor mayor al que en realidad tiene: el de un ser finito con gran necesidad de Él.

2. *Ibíd.*, 1078-1079. Para más información acerca de este término, véase Ludwig Koehler et al., *The Hebrew and Aramaic Lexicon of the Old Testament* [El léxico hebreo y arameo del Antiguo Testamento] (Leiden, Países Bajos: E.J. Brill, 1994–2000), pp. 1202–1203.

Aunque en los *libros históricos* muchas veces veremos el orgullo manifestado en los líderes, reyes y gobernantes, que no reconocían que su éxito venía de parte de Dios, lo cierto es que el orgullo está en cada uno de nosotros. Por lo tanto, debemos reconocer nuestro orgullo y arrepentirnos del mismo. Debemos examinarnos profundamente para ver si hay en nosotros una actitud de arrogancia, de soberbia o de autosuficiencia. Dios no nos manda a tener ni a cultivar un sentimiento de grandeza propia ni a tener una opinión elevada de nosotros mismos. Como David oró en 2 Samuel 22:28, si somos orgullosos, los ojos del Señor están sobre nosotros y eso, en este contexto, no es algo bueno. Sus ojos están sobre el altivo. Él lo conoce todo. Nada pasará por alto. Él se asegurará de que «todos los que [...] se exaltan a ellos mismos a expensas de Dios y de otros, encuentren en última instancia que el Señor los "humilla"».[3]

En búsqueda de la humildad

Al mismo tiempo que reconocemos nuestro orgullo y nos arrepentimos, debemos buscar la humildad, una virtud —parte del fruto del Espíritu— que los *libros históricos* resaltan como algo deseable y que se espera de los hijos de Dios:

- La humildad es demanda por Dios (1 R. 21:27-29; 2 R. 22:18-19).
- La humildad se cultiva en el corazón (2 Cr. 32:24-26; 2 R. 22:19).
- El humilde piensa en los demás (2 S. 24:17; Est. 4).
- El humilde sabe manejar el éxito (1 S. 17:34-37; 2 S. 22).
- El humilde se goza en el éxito de otros (1 S. 23:16-18).
- La humildad provoca sometimiento (2 S. 7:4-29; 1 S. 24:8-12).
- El humilde no exige reconocimientos (2 Cr. 1:6-13).

3. Robert D. Bergen, *1, 2 Samuel*, vol. 7, The New American Commentary [El nuevo comentario americano] (Nashville, TN: Broadman & Holman Publishers, 1996), p. 458.

- El humilde depende de Dios y descansa en Él (2 S. 5:19; 22; 2 Cr. 1:7-13).
- El humilde no se aflige porque no se lo tome en cuenta (1 S. 23:16-18).
- La humildad mantiene al hombre enfocado (1 Cr. 29:10-21; 1 R. 6).
- La humildad es enaltecida por Dios (1 S. 2:7-8; 2 Cr. 1:11-12).
- La humildad se debe cuidar y desarrollar (2 S. 22; 24).

En otras palabras, la humildad es el antónimo del orgullo. La humildad es una actitud de comprensión y aceptación de que Dios es el Señor todopoderoso, soberano, sabio, bendito, infalible e infinito, y que el ser humano —si bien es creación de Dios— es pequeño, finito, falible, pecador y necesitado de su Creador.

En otras palabras, la humildad es la correcta comprensión de quién es Dios y quién es el hombre, la correcta comprensión de que Dios es el creador y quien gobierna y, por lo tanto, solo a Él debe ser toda gloria y honra. En los *libros históricos* se ve que cuando el hombre perdía esta comprensión de Dios, abría espacio al orgullo y, entonces, comenzaba a retener para sí la honra que solo el Creador merece. A través de estos escritos históricos podemos ver no solo cómo líderes, reyes y demás personajes mostraban orgullo —como vimos antes—, sino que también hay evidencias de humildad en personas que se entregan y rinden en adoración al Señor, interesándose en buscar la presencia y dirección de Dios en la toma de decisiones, dando gloria a Dios a la hora de los éxitos y sometiéndose a las ordenanzas divinas.

Un corazón sensible a la Palabra de Dios

En 2 Reyes 22 se encuentra un excelente ejemplo de humildad: el rey Josías. Este ilustre rey, «hizo lo recto ante los ojos del Señor y anduvo en todo el camino de su padre David; no se apartó ni a la derecha ni a la izquierda» (2 R. 22:2). Más adelante en el capítulo, después de haber «hallado el libro de la ley» a través del «sumo sacerdote Hilcías» (2 R. 22:8), después de haber escuchado su contenido a través del escriba y haber «[rasgado] sus vestidos» como resultado (2 R. 22:11), y después de «[ordenar] al sacerdote Hilcías» (2 R. 22:12) que «[fuera y consultara] al Señor por [él], por el pueblo y por todo Judá acerca de las palabras de este libro que se [había] encontrado» (2 R. 22:13), la «profetisa Hulda [...] dijo» (2 R. 22:14-15) lo siguiente:

> Pero al rey de Judá que os envió a consultar al Señor, así le diréis: «Así dice el Señor, Dios de Israel: "En cuanto a las palabras que has oído, porque *se enterneció tu corazón* y *te humillaste* delante del Señor cuando oíste lo que hablé contra este lugar y contra sus habitantes, que vendrían a ser desolación y maldición, y has rasgado tus vestidos y has llorado delante de mí, ciertamente te he oído" —declara el Señor. "Por tanto, he aquí, te reuniré con tus padres y serás recogido en tu sepultura en paz, y tus ojos no verán todo el mal que yo voy a traer sobre este lugar"». Y llevaron la respuesta al rey (2 R. 22:18-20, énfasis añadido).

El rey Josías fue un ejemplo vivo de humildad: el texto anterior dice que se enterneció y se humilló. La palabra *enterneció* es la traducción del verbo hebreo «רָךְ (răḵ)» que tiene que ver con suavizar, sensibilizar o enternecer.[4] En otras palabras, tiene que ver con «una actitud, un comportamiento que no es duro, como una cualidad moral positiva de bondad o receptividad».[5] Por otro lado, la frase *te humillaste* es la traducción del verbo hebreo «כָּנַע (kānă)» e implica someterse.[6] El rey se caracterizaba por «tener

4. Koehler et al., *The Hebrew and Aramaic Lexicon of the Old Testament* [El léxico hebreo y arameo del Antiguo Testamento], p. 1230.

5. James Swanson, *Dictionary of Biblical Languages with Semantic Domains: Hebrew (Old Testament)* [Diccionario de idiomas bíblicos y dominios semánticos: Hebreo (Antiguo Testamento)] (Oak Harbor, WA: Logos Research Systems, Inc., 1997), «רָךְ».

6. Koehler et al., *The Hebrew and Aramaic Lexicon of the Old Testament* [El léxico hebreo y arameo del Antiguo Testamento], pp. 484–485.

la actitud de un estatus adecuadamente bajo en relación hacia una autoridad, y entonces no [era] erróneamente orgulloso o pretencioso».[7] La unión de ambas ideas, *enternecerse* y *humillarse*, habla de tener un corazón blando, quebrantado y sumiso a Dios. Esto es particularmente interesante, porque es contrario al orgullo: un corazón arrogante hubiera desafiado la Palabra de Dios, prueba de su dureza e insensibilidad ante el Señor. En cambio, la humildad se caracteriza por tener un corazón blando y sensible hacia Dios.

Docilidad a la voluntad de Dios

Debemos, como hombres de Dios —como hombres renovados—, hacer morir nuestro orgullo y cultivar la humildad. Debemos ser sensibles a la Palabra de Dios y ser sumisos a su voluntad. 2 Crónicas 7:12-14 nos enseña acerca de la humildad:

> Y el Señor se apareció a Salomón de noche y le dijo: He oído tu oración, y he escogido para mí este lugar como casa de sacrificio. Si cierro los cielos para que no haya lluvia, o si mando la langosta a devorar la tierra, o si envío la pestilencia entre mi pueblo, y se *humilla* mi pueblo sobre el cual es invocado mi nombre, y oran, buscan mi rostro y se vuelven de sus malos caminos, entonces yo oiré desde los cielos, perdonaré su pecado y sanaré su tierra (énfasis añadido).

Es fácil ver por qué este pasaje se convirtió en uno de los más citados por la iglesia cristiana en momentos difíciles, y sobre todo en contextos de problemas nacionales o regionales, pues en estas líneas vemos grandísimas promesas divinas hechas a Salomón y el pueblo: a pesar de las situaciones difíciles, Dios oirá las oraciones de su pueblo que se humille, y entonces perdonará sus

---

7. Swanson, *Dictionary of Biblical Languages with Semantic Domains: Hebrew (Old Testament)* [Diccionario de idiomas bíblicos y dominios semánticos: Hebreo (Antiguo Testamento)], «כָּנַע».

pecados y sanará su tierra. Es digno de resaltar cómo, de manera perfecta, engranan la humillación, la oración, la búsqueda de Dios y el arrepentimiento en un corazón que se entrega al creador. De este pasaje podemos aprender cómo se debe ver un hombre realmente humillado ante el Señor: es un hombre que ora, que desea buscar de Dios, que quiere conocerle más y que está en constante arrepentimiento por sus pecados. El orgullo hace al hombre sordo y terco para oír la Palabra de Dios; en cambio, la humildad hace al hombre atento y dócil para con Dios, lo hace deseoso de entregarse —de rendirse por completo— ante aquel que es soberano.

Conclusión

Soberbia y *autosuficiencia* ilustran bien el orgullo en los *libros históricos*. El hombre orgulloso piensa que no necesita de Dios y que todos sus logros son por esfuerzo propio. Por otra parte, la *rendición* y el *sometimiento* resumen lo que un hombre humilde debe ser. Un corazón rendido y sumiso ante Dios es un corazón humilde. Un corazón quebrantado y obediente ante el Todopoderoso es un corazón humillado ante el verdadero Rey de reyes y Señor de señores. Debemos buscar ser humildes y rechazar el orgullo que tan fácilmente emerge de nuestro corazón. Busquemos rendirnos a Él y su voluntad, para que no seamos resistidos, sino receptores de gracia abundante (1 P. 5:5).

6

EL ORGULLO EN LOS LIBROS POÉTICOS

Un arsenal para combatir en la guerra

SANTIAGO ARMEL

Hace siglos, Robert Trail dijo lo siguiente: «Si una persona confía en su propia justicia, rechazará la justicia de Cristo. Si confía en la justicia de Cristo, rechazará la suya propia».[1] Las penetrantes palabras del puritano irlandés nos recuerdan que el orgullo es destructivo y que es el pecado que acompaña a todo aquel que termina en el infierno. Por lo tanto, el estudio de este tema es vital para todo hombre.

Dios ha dejado en su Palabra no solo la forma de diagnosticar la gangrena del orgullo, sino también —como el médico de nuestras almas— nos ha dado una receta para combatirlo. Los *libros poéticos*, como se le llama a la siguiente sección del Antiguo Testamento, conforman una rica porción de las Escrituras, que ayudará a todo hombre renovado a combatir en la guerra contra el orgullo en su propia vida.

1. Robert Trail, *Justification Vindicated* [Justificación vindicada] (Edimburgo, Escocia: Banner of Truth Trust, 2002), p. 69-70.

Las pruebas permiten crecer en humildad

El libro de Job, el primer libro que encontramos en la sección de los *libros poéticos* en nuestras Biblias actuales, es un baluarte para el orgulloso que se encuentra en búsqueda de la humildad. Esto es así porque Job presenta un resumen de cómo Dios usa las pruebas para llevar a mayor humildad a sus hijos. Este hombre creía conocer a Dios; sin embargo, después del *tsunami* que enfrentó, pudo entender realmente quién era Dios y quién era él a la luz de esa verdad (Job 42:1-6). Por eso, cerca del final del libro, Job —en una conversación con el Todopoderoso— concluye que no tiene nada que argumentar delante del Señor y se rinde:

> ¿Podrá el que censura contender con el Todopoderoso?
> El que reprende a Dios, responda a esto.
> Entonces Job respondió al Señor y dijo:
> He aquí, yo soy insignificante; ¿qué puedo yo responderte?
> Mi mano pongo sobre la boca.
> Una vez he hablado, y no responderé;
> aun dos veces, y no añadiré más (Job 40:2-5).

Las pruebas por sí solas no transforman el alma. Hay hombres que son confrontados, quebrantados y humillados, pero su corazón se endurece más y más contra Dios. Ese es el camino de los necios. Por el contrario, un hombre renovado en quien Dios está haciendo una obra no resistirá a su amo celestial. Pronto dejará que las pruebas lo ablanden y de manera mansa se someterá ante su Señor. Esta es la actitud que el Señor espera de nosotros y es lo que debemos buscar profundamente cuando nos encontremos ante la prueba y la dificultad.

Las pruebas en la vida de los hombres de Dios están aseguradas. No hay escapatoria: Jesús mismo lo afirmó (Jn. 16:33). No obstante, estas no son malas noticias ya que todo es «para bien» (Ro. 8:28). Nuestra responsabilidad como hombres renovados y en proceso de santificación es dejar que estas tribulaciones momentáneas aplaquen nuestra altivez y nos conformen a la imagen de Jesucristo (Ro. 8:29).

La cercanía de Dios en la búsqueda de la humildad

En los Salmos, Dios destaca la posición privilegiada que tienen los hombres humildes. Veamos algunos ejemplos: «El Señor está cerca de todos los que le invocan, de todos los que le invocan en verdad» (Sal. 145:18). El Señor «cumplirá el deseo de los que le temen [y] también escuchará su clamor y los salvará» (Sal. 145:19). Él escucha las peticiones «de los humildes» (Sal. 10:17), los sacia con abundancia (Sal. 22:26), los guía por caminos adecuados (Sal. 25:9), los «atiende» de manera cercana (Sal. 138:6), los «sostiene» (Sal. 147:6) y está «cercano [...] a los quebrantados de corazón» (Sal. 34:18-20). Por el contrario, aquellos que son altivos solo pueden esperar que pronto los alcance su vergüenza, pues Dios está listo para humillarlos (Sal. 18:27) y destruirlos (Sal. 145:20).

El orgullo es ciertamente traicionero, pues los triunfos momentáneos pueden confundir al alma y engañarla. No hay que luchar para ser orgullosos; fácilmente y por cualquier razón o circunstancia el orgullo se asomará y se hará sentir. En ocasiones Dios permite que los éxitos de ciertos hombres necios crezcan como la espuma, para desaparecer rápida y súbitamente. Dios, en su infinita sabiduría, deja que algunos hombres asciendan como altas palmeras, pero en el momento de la humillación su descenso es trágico. Como hombres renovados haremos bien en cuidar nuestro estado espiritual diariamente, abandonando todo vestigio de orgullo y persiguiendo la humildad. No nos dejemos engañar, ni caigamos en la trampa del orgullo.

El temor de Señor como un antídoto

Además de lo que aprendemos en Job y Salmos, Proverbios y Eclesiastés describen a los orgullosos como necios, es decir, aquellos que no temen a Jehová, sino que «desprecian la sabiduría y la instrucción» (Pr. 1:7). Solo un corazón orgulloso puede reaccionar de esta manera, rechazando la sabiduría, rechazando a Dios. El orgulloso no teme a Dios, porque él mismo se cree dios, aunque no lo diga con esas palabras, y a pesar de que no lo dice, en el fondo es lo que desea y para eso vive. Quiere ser temido, quiere que otros lo sirvan, quiere hablar y que los otros obedezcan, quiere ser influyente y poderoso y ser él el que enseñe a otros. El necio, lleno de orgullo, no es capaz de esperar, porque es impaciente y considera que lo que los demás hacen es insuficiente: solo él hace las cosas bien, por eso tiende a engrandecer sus propias obras. El orgulloso no demandará con sus palabras que todos lo adoren, pero en lo más íntimo de su corazón anhela que otros hombres lo exalten. En su interior, el orgulloso guarda la raíz del pecado de aquel que dijo: «Subiré al cielo, por encima de las estrellas de Dios levantaré mi trono, y me sentaré en el monte de la asamblea» (Is. 14:13).

Proverbios y Eclesiastés dan también instrucciones prácticas para combatir el orgullo y crecer en humildad. Salomón nos recuerda que antes de la gloria debemos buscar la humildad (Pr. 15:33; 18:12; 22:4; 29:23), que aquel que quiere exaltarse pronto será derribado (Pr. 16:18; 14:12; 15:25; 28:26) y que debemos esperar a que sean otros quienes reconozcan nuestros logros (Pr. 25:6-7; 25:27; 27:1-2, 21). Finalmente, el hijo del rey David nos enseña que buscar el propósito de la vida en las riquezas, el conocimiento o los placeres es solamente vanidad (Ec. 1:2). En cambio, el todo del hombre es «[temer] a Dios y [guardar] sus mandamientos», ya que esto «concierne a toda persona» (Ec. 12:13), incluyendo a cada uno de nosotros, que hemos sido renovados y que estamos en camino a la gloria eterna.

Cuidando el pacto matrimonial

Cantares es el último libro de los *poéticos*. Es posible que creamos que este libro no tiene nada que enseñarnos acerca de cómo luchar contra el orgullo y cómo crecer en humildad. Sin embargo, después de unos cuantos minutos de reflexión, podremos ver este libro como una herramienta de Dios para hacernos humildes en nuestra relación matrimonial. Esto puede suceder por lo menos de dos maneras: en *primer lugar*, el libro de Cantares nos demuestra que separados de Dios no podemos hacer nada, y que ni aun nuestra relación íntima matrimonial puede desarrollarse de manera plena sin seguir el consejo completo de Dios. Esto debe humillarnos y enseñarnos a depender de Dios en todo momento. *En segundo lugar*, es imposible no observar que un hombre que carece de afecto hacia su esposa, que la trata con palabras frías y ásperas (Col. 3:19; 1 P. 3:7), está lleno de orgullo, ya que está pensando únicamente en sí mismo. Un hombre que aprende a ser manso tratará con el mayor de los afectos a su amada esposa, y este precioso libro puede enseñarnos a tener una vida matrimonial plena, libre de orgullo y de buscar nuestro propio beneficio.

El éxito para ser buenos esposos radica en seguir el modelo de Cristo, quien humildemente se sacrificó para amar a su esposa, la iglesia: «Cristo amó a la iglesia y se dio a sí mismo por ella» (Ef. 5:25). No siempre estamos dispuestos a sacrificarnos de esta manera, a veces ni tan solo un poco; por eso podemos aprender mucho de las páginas de Cantares. Como aclaración, este libro inspirado por Dios no es una metáfora de Cristo y la iglesia, sino que más bien nos recuerda del amor sacrificial y dedicado que debe tener un cónyuge hacia el otro. Esto agrada y exalta a Dios y nos muestra la clase de amor que solo el humilde puede dar y la clase de afecto que al orgulloso se le dificulta expresar, pues este solo espera recibir y nunca dar.

Conclusión

Como hombres renovados y que al mismo tiempo estamos en proceso de santificación, podemos hallar en los *libros poéticos* un arsenal para combatir en la guerra contra el orgullo que se libra diariamente en nuestros corazones. Debemos saber y tener muy claro que esta guerra solo terminará el día de nuestra glorificación, «el día de Cristo Jesús» (Fil. 1:6). Como hijos de Dios esperamos y anhelamos ese día y vivimos por fe, aferrados en el Señor y sostenidos por Él. Además, si queremos salir victoriosos de esta guerra, no debemos descuidarnos. Cada día debemos enfrentar la lucha férrea contra el devastador pecado del orgullo. Persigamos con diligencia el crecer en humildad, sabiendo que hay gracia suficiente, pues el poder de Dios «se perfecciona en [nuestra] debilidad» (2 Co. 12:9).

7

EL ORGULLO EN LOS LIBROS PROFÉTICOS

Nuestro orgullo imposibilita nuestra salvación

JOSIAH GRAUMAN

En la primera bienaventuranza, Jesús declara una bendición sobre «los pobres en espíritu, pues de ellos es el reino de los cielos» (Mt. 5:3). El pobre en espíritu es el que reconoce su pobreza espiritual, el que entiende que nada tiene para ofrecerle a Dios. Sus obras son sucias, su justicia está en bancarrota y todo cuanto merece es la ira de Dios. En otras palabras, el pobre en espíritu es humilde.

Cristo establece la humildad como el primer paso hacia la salvación, porque solo el que entiende que no merece el cielo clama a Cristo por auxilio. Solo el que sabe que no puede ganar el paraíso con sus obras confiesa sus pecados y acude a Cristo. Sin embargo, el orgulloso, que se cree justo, que piensa que sus obras son aceptas delante de Dios, está eternamente perdido.

Los *libros proféticos* hablan mucho acerca del orgullo. En nuestras Biblias, estos libros se encuentran entre Isaías y Malaquías. Esta sección —la última en el Antiguo Testamento— suele dividirse, además, en profetas mayores y menores, llamados así por la extensión de estos. En el último libro del Antiguo Testamento, Malaquías, Dios establece la imposibilidad de que el hombre se salve por sí mismo, porque es orgulloso. Demuestra que no hay esperanza alguna para Israel, ya que su orgullo lo ha alejado de la salvación de Dios. El único remedio ante esta realidad era que Dios enviara a su Mesías para cambiar a la gente desde el interior, haciéndolos humildes, capacitándolos para recibir la salvación de Dios. Por eso, Malaquías nos prepara tan bien para los Evangelios, al mismo tiempo que nos presenta tres razones por las que nuestro orgullo imposibilita nuestra salvación.

Nuestro orgullo niega el amor de Dios, porque creemos que merecemos algo mejor

En un intercambio sorprendente, Dios empieza el libro de Malaquías con la afirmación siguiente: «Yo os he amado» (Mal. 1:2). Uno esperaría escuchar una palabra de gratitud de parte de Israel o, por lo menos, un «yo también te amo» o algo similar. Las palabras iniciales de Dios destilan amor, gracia, paciencia, misericordia y esperanza; sin embargo, la respuesta de Israel es triste, lamentable y desesperanzadora: «¿En qué nos has amado?» (Mal. 1:2). Los israelitas no creían que Dios los amaba. ¿Por qué? Porque su orgullo les hacía creer que eran merecedores de bendición y prosperidad de parte de Dios, pero solo recibían disciplina y corrección.

Se creían buenos, y rehusaron creer que eran pecadores. Pero la realidad es que transgredían el pacto y, por lo tanto, un Dios bueno debía disciplinarlos (Dt. 28:15-68), no bendecirlos (Dt. 28:1-14). Lamentablemente, al creer que merecían bendición por sus actos de justicia, percibieron la disciplina de Dios como su rechazo, en lugar de su corrección. Por eso es importante siempre tener la perspectiva adecuada, basada en la verdad de la Palabra de Dios.

Nosotros somos iguales, ¿no es cierto? En el momento que creemos que merecemos bienes en este mundo, nos llenamos de orgullo, y entonces comenzamos a dudar de la bondad y el amor de Dios. Nuestro orgullo nos hace pensar que merecemos mucho y, cuando no lo recibimos, nos quejamos, nos frustramos y nos sentimos defraudados e insatisfechos. Pero el primer paso hacia la bendición de Dios es reconocer que no merecemos nada. Debemos tener clara nuestra posición delante del Señor. Es el mendigo espiritual el que recibe la bendición divina, porque Dios solamente ofrece salvación «por gracia» (Ro. 11:6).

Por nuestro orgullo nos rehusamos servir a Dios, porque creemos que nos portamos bien

Después de afirmar su amor hacia Israel, Dios les reclama por no honrarlo, ni temerlo: «El hijo honra a su padre, y el siervo a su señor. Pues si yo soy padre, ¿dónde está mi honor? Y si yo soy señor, ¿dónde está mi temor?» (Mal. 1:6). De hecho, los acusa de menospreciar su nombre: «[…] dice el Señor de los ejércitos a vosotros sacerdotes que menospreciáis mi nombre» (Mal. 1:6). ¡Esta es una acusación muy fuerte! Cuando ellos niegan esto, preguntando: «¿en qué hemos menospreciado tu nombre?» (Mal. 1:6), Dios explica que era al no servirlo de forma digna: «ofreciendo sobre [su] altar pan inmundo» (Mal. 1:7), diciendo que «la mesa del Señor es despreciable» (Mal. 1:7), y en lugar de ofrecer sus mejores animales en sacrificio a Dios, le daban los cojos y los enfermos (Mal. 1:8). En otras palabras, su orgullo no les permitía ver que esos sacrificios eran malos. Seguramente, creían que no marcaba ninguna diferencia, ya que Dios no los amaba (Mal. 1:2). Estaban ciegos: ciegos a la realidad de que Dios odiaba sus sacrificios.

Los israelitas dijeron: «¡Ay, qué fastidio!» (Mal. 1:13), porque no recibieron el resultado que buscaban. Es decir, ellos creían que Dios debía recompensarlos por sus sacrificios, y cuando esto no ocurría, se frustraban con Dios. Estaban fastidiados y eran indiferentes (Mal. 1:13-14). La raíz de sus problemas, entonces, fue creer que sus obras eran justas. Pensaban que Dios les debía algo con base en la justicia de ellos, pero lo único que Dios les adeudaba era juicio.

Nuestro orgullo, de la misma manera, nos hace creer que nuestras obras son buenas. Claro, reconocemos que no somos perfectos, pero, en general, el hombre cree que lo que hace debe agradar a Dios. El problema es que si creemos que nuestras obras son mayormente buenas jamás vamos a arrepentirnos de nuestra maldad. Pero sin arrepentimiento, no hay confesión; y si no hay confesión, no hay salvación (1 Jn. 1:9).

Nuestro orgullo acusa a Dios de maldad, porque creemos que somos justos

El capítulo 2 de Malaquías, termina con una acusación empedernida expresada por Israel de la siguiente manera: «¿Dónde está el Dios de la justicia?» (Mal. 2:17). Es decir, aunque ellos se habían apartado de Dios, lo acusan de haberlos abandonado. Esto es un comportamiento típico de un corazón lleno de orgullo. Malaquías 2:17 afirma que los israelitas ya «[habían] cansado al Señor con [sus] palabras». La osadía de Israel es abrumadora: no solo acusan a Dios de haberlos dejado, sino que también lo culpan de injusticia. Le achacan que ya no es un Dios de justicia. ¿Qué es lo que guía a una persona a llegar a tal malvada conclusión?

El orgullo de Israel les hacía creer que ellos eran justos. Y ya que no recibían la bendición que merecían por dicha justicia, Dios debía ser el malo. Es decir, algo estaba mal, y la culpa era de alguien más. Esto es obvio. El problema es que si el orgullo del hombre no le permite ver que el culpable es él, el único que lo puede acusar es Dios mismo.

Así de nefasto es el orgullo. Si lo dejamos crecer, no solo nos convencerá de que somos buenos, sino que también llegará a la conclusión lógica de que, si nosotros somos buenos, Dios ha de ser el malo. Nosotros, entonces, terminamos siendo dioses en nuestras mentes, y el Dios verdadero es destronado de su gloria. No tomemos el orgullo a la ligera, ya que puede acabar con nosotros.

Conclusión

Aunque nuestro orgullo destrone a Dios en nuestras mentes, el que está sentado sobre el trono del universo se ríe. El Señor se burla de dicha osadía. Él es justo y soberano, y ningún acto nuestro puede cambiar su inmutable naturaleza. Estas son terribles noticias para el pecador orgulloso, ya que Dios lo juzgará en su ira:

> Porque he aquí, viene el día, ardiente como un horno, y todos los soberbios y todos los que hacen el mal serán como paja; y el día que va a venir les prenderá fuego —dice el Señor de los ejércitos— que no les dejará ni raíz ni rama (Mal. 4:1).

Sin embargo, la naturaleza inmutable de Dios es una hermosa noticia para el que, por la gracia de Dios, se arrepiente de su orgullo. Él no cambia (Mal. 3:6). Por eso, el que reconoce que es pecador, que sus obras son sucias y que necesita recibir el perdón de un Dios amoroso verá «el sol de justicia, con la salud en sus alas» (Mal. 4:2). No seamos necios ni orgullosos como los israelitas. Arrepintámonos de nuestro orgullo, y recibamos el reino de los cielos que Dios ha reservado para los pobres de espíritu.

PARTE 3:

El orgullo en el Nuevo Testamento

8

EL ORGULLO EN LOS EVANGELIOS

Aprender a ser humildes

JOHN EDGAR SANDOVAL

Siempre es más fácil hablar sobre la humildad que practicarla, y es más atractivo describir el orgullo ajeno que el propio. ¡Imaginen lo incómodo que es escribir al respecto, sabiendo que nadie se escapa al mismo! De un modo u otro, todos estamos expuestos. Todos somos culpables. Sin embargo, ¿han notado con qué facilidad solemos encontrar evidencias de orgullo en otros, pero cuán difícil es darnos cuenta de nuestro propio orgullo?

Los Evangelios nos hablan acerca del orgullo, y nos instan a ver a Jesús como un claro ejemplo de humildad a seguir. De manera muy contrastante, los líderes religiosos de la época eran los más dignos representantes del orgullo, algo que quedó muy de manifiesto especialmente en sus interacciones con Aquel que es «manso y humilde de corazón». No obstante, no solo los fariseos y escribas evidenciaron orgullo, sino también los discípulos. Jesús mismo fue tentado (Mt. 4:1-11), «pero sin pecado» (He. 4:15). A continuación, veremos ejemplos de orgullo y humildad a través de tres principales actores en los Evangelios.

El orgullo en los líderes religiosos

En los cuatro Evangelios, los principales opositores a la enseñanza y ministerio de Juan el Bautista fueron los escribas y fariseos. Los líderes religiosos de esa época se oponían a Juan porque los llamaba a arrepentirse y convertirse, a tener compasión hacia el prójimo y a consagrarse a Dios. ¡¿Quién era este hombre común y corriente para atreverse a retar a los fariseos y escribas en cuanto a su relación con Dios y su prójimo?! La élite de ese entonces no estaba nada contenta con este hombre «simple», que había venido a dar un mensaje «revolucionario» según veían.

El mismo Juan relata que «los judíos enviaron sacerdotes y levitas de Jerusalén» a supervisar su enseñanza (Jn. 1:19, cp. 1:24; Lc. 20:1). Aunque ellos sabían que «el pueblo [estaba convencido] de que Juan era un profeta» de Dios (Lc. 20:6), no creyeron en la necesidad de un cambio de corazón. Sin embargo, aunque algunos acudieron a él pretendiendo querer recibir su bautismo de arrepentimiento, no experimentaron un cambio de vida (Mt. 3:7-10). El mensaje de Juan enfatizaba «los frutos dignos de arrepentimiento» (Mt. 3:8) como señal de un cambio de la naturaleza pecaminosa, de acuerdo con los profetas de Israel (Jer. 4:4; Ez. 36:26; Jl. 2:12-13).

El mensaje que Juan pregonaba traería buen fruto, producto de corazones arrepentidos y humildes. El prójimo sería beneficiado por dicho cambio y sería también testigo de este. Pero los religiosos de la época se caracterizaban por todo lo opuesto, ya que «[devoraban] las casas de las viudas, y por las apariencias [hacían] largas oraciones» (Mr. 12.40). Lo sorprendente del caso es que lo que Juan proclamaba era según las Escrituras, pero aun así lo rechazaban. A pesar de que «los escribas y los fariseos» estaban dedicados a las Escrituras y su enseñanza era aceptable en términos generales para Jesús y sus discípulos, «sus obras» distaban mucho de algo digno de ser imitado (Mt. 23:2-3).

«Tenían sana doctrina», diríamos hoy; pero respecto a sus obras son descritos como «hipócritas» (Mt. 6:2, 5, 16): hacían sus obras «delante de los hombres para ser vistos por ellos» (Mt. 6:1;

cp. 6:5) y «para ser alabados por» ellos (Mt. 6:2). Toda su consagración, todo su estilo de vida era para agradar al ojo humano. Por eso Jesús los denuncia por su «actitud teatral» al fingir vivir para Dios cuando en verdad vivían para sí mismos.

Los líderes religiosos estaban llenos de orgullo. El orgullo es visto aquí como una religiosidad de palabras y hechos surgida de la naturaleza humana corrupta, que procura agradar a los hombres, enseñando lo que otros deben hacer mientras no lo hacen ellos mismos. No predicaban con su ejemplo. Esto era un peligro, incluso, para los discípulos del Señor, porque a ellos se les advirtió de tal riesgo (Mt. 6) aunque tuviesen acceso a la enseñanza de la Palabra de Dios por medio del Hijo de Dios. El mal ejemplo de los líderes religiosos nos sirve de advertencia para vivir de acuerdo con lo que creemos y profesamos y, al mismo tiempo, evitar ser hombres «supuestamente» renovados que solo actúan con religiosidad.

La humildad en Jesucristo

El ejemplo de nuestro Señor contrasta grandemente con el de los líderes religiosos. Los Evangelios hacen brillar la vida y obra de Jesucristo. Él fue un gran ejemplo para todo el que lo escuchaba; tanto era así que «las multitudes se admiraban de su enseñanza; porque les enseñaba como uno que tiene autoridad, y no como sus escribas» (Mt. 7:28-29). Podemos aprender mucho de Aquel que «se humilló a sí mismo, haciéndose obediente hasta la muerte, y muerte de cruz» (Fil. 2:8).

Nuestro Salvador fue ejemplo en todo. Fue un reflejo vivo de *consagración a Dios* (Mt. 3:15). Jesucristo humildemente aceptó el ministerio y mensaje de Juan el Bautista al punto que fue bautizado por él en el río Jordán (Mt. 3:13-17). La diferencia entre Él y todos los demás que fueron bautizados por Juan es que Dios lo reconoció públicamente como «[su] Hijo amado, en quien [se ha] complacido» (Mt. 3:17). Esto ocurre porque al cumplir «toda justicia» (Mt. 3:15) es en verdad justo según toda la ley de Dios (Dt. 6:25). ¡Nunca Dios dijo algo así de hombre alguno!

Jesús fue ejemplo también en su *compasión por el prójimo* (Mt. 4:23-24; 9:36). Se nos dice en Mateo, al menos dos veces, que Jesús fue movido a enseñar, predicar y sanar al prójimo por su compasión hacia ellos. Alguien orgulloso es simplemente incapaz de esto. Los fariseos y escribas también hicieron algo similar, pero con la diferencia de que ellos «eran amantes del dinero» (Lc. 16:14). ¡Cuán rico podría haber sido Jesucristo si hubiera realizado su ministerio motivado por el dinero! Pero sabemos acerca de Él que ni siquiera tuvo «dónde recostar su cabeza» (Lc. 9:58). Siendo el Hijo de Dios, fue siempre humilde, preocupándose por los demás, antes que por sí mismo.

Jesús fue el ejemplo supremo de un *corazón humilde* (Mt. 11:29). Normalmente, se dice que quien afirma ser humilde ya dejó de serlo; sin embargo, ¡Jesucristo fue la clara excepción! Él fue el único que habló de su humildad sin llegar a perderla. Nadie más sería capaz de hacerlo. Solo Dios puede tener como meta su autoexaltación sin llegar a pecar por ello, porque no hay mayor meta en el universo. No hay nada más supremo que buscar la gloria de Dios. En ese sentido, Jesús puede «gloriarse de su humildad» sin dejar de ser humilde. Esta característica está en su misma naturaleza, pues siendo tentado tres veces por el diablo no cedió (Mt. 4:1-11).

En resumen, Jesús se sometió en todo a la voluntad de su Padre, reconoció el ministerio y mensaje de Juan, venció las tentaciones del maligno y se distinguió de los escribas y fariseos por su trato hacia la gente. En otras palabras, el que recibió «todas las cosas» de su Padre (Mt. 11:27), «[amó] a los suyos [...] hasta el fin» (Jn. 13:1). Que «[seamos], pues, imitadores de Dios como hijos amados» (Ef. 5:1), así como Jesucristo nos sirvió de ejemplo.

La humildad en los discípulos

Después del orgullo de los religiosos y la humildad del Hijo de Dios, los Evangelios también hablan tanto del orgullo como de la humildad en los discípulos de nuestro Señor Jesucristo. Para nuestro propósito, nos enfocaremos únicamente en su humildad.

La tragedia de los fariseos y escribas antiguos —y modernos— está en que no reconocen la gloria que merece el Hijo de Dios. Eso fue lo que no quisieron hacer desde la «entrevista» con Juan el Bautista, ni mientras ellos «[recibían] gloria los unos de los otros, y no [buscaban] la gloria que viene del Dios único» (Jn. 5:44). Aquí es donde los discípulos de Jesucristo se distinguen, porque lo recibieron, creyeron en su nombre, y vieron su gloria» (Jn. 1:12-14). Las señales que presenciaron sus discípulos se describen como «su gloria» (Jn. 2:11), la cual los llevó a creer en Él. Dicho acto de creer implica humillarse ante Él, pues se muestra como el desapego a cualquier confianza en los propios méritos para obtener el favor divino (Lc. 18:9-14).

Muchos otros que también presenciaron sus prodigios no creyeron. No fueron humildes, sino que, en su arrogancia, rechazaron al Mesías prometido: «A lo suyo vino, y los suyos no le recibieron» (Jn. 1:11). Humillarse ante el Hijo de Dios es la puerta que nos abre el camino hacia la verdadera humildad. La senda de la fe en el Hijo de Dios es «angosta» y su puerta es «estrecha» (Mt. 7:14). Por eso, «pocos son los que la hallan» (Mt. 7:14), porque implica reconocer que no somos «como Dios», contrario a lo que dijo el diablo desde el principio y hasta ahora (Gn. 3:5; cp. Ap. 12:17).

Sin embargo, hay esperanza, porque aunque «para los hombres eso es imposible… para Dios todo es posible» (Mt. 19:25-26). Por eso se explica que los que confían en Jesucristo son pobres en espíritu, humildes, misericordiosos, y limpios de corazón (Mt. 5:3, 5, 7-8). Además, son «la sal de la tierra» (Mt. 5:13) y «la luz del mundo» (Mt. 5:14) para que muchos «glorifiquen a [nuestro] Padre que está en los cielos» (Mt. 5: 16) y no a ellos mismos pues, de otro modo, caerían en el fariseísmo. Como cristianos, como hombres renovados, no debemos conformarnos a una religiosidad hipócrita ya que, «si [nuestra] justicia no supera la de los escribas y fariseos, no [entraremos] en el reino de los cielos» (Mt 5:20). Más bien debemos vivir en humildad ante nuestro Padre, orando que se haga su «voluntad, así en la tierra como en el cielo» (Mt. 6:9-10), pidiendo que perdone nuestras ofensas (Mt. 6:12) y buscando «primero su reino y su justicia» (Mt. 6: 33).

Conclusión

Dios quiere que vivamos para Él. Rechacemos el orgullo en nuestra vida, examinándonos continuamente, despojándonos cada día «del viejo hombre, que se corrompe según los deseos engañosos» (Ef. 4:22) y «[siendo] renovados en el espíritu de [nuestra] mente», vistiéndonos «del nuevo hombre» —ese hombre renovado— que, «en la semejanza de Dios, ha sido creado en la justicia y santidad de la verdad» (Ef. 4:23-24). No tenemos tiempo que perder.

9

EL ORGULLO EN LAS CARTAS DE PABLO

Cómo el orgullo destruye la iglesia local

ALBERTO SOLANO

Al dirigirse a las iglesias que plantó y con las que estuvo estrechamente involucrado, Pablo continuamente les habló de un tema: la humildad. Para él, la humildad era algo de suma importancia para la salud, unidad y continuidad de la iglesia, pues sabía que el pecado del orgullo nunca estaría lejos de los cristianos. Hablando desde su propia experiencia, entendía que Satanás buscaría dividir y destruir a la iglesia por medio de personas enorgullecidas, que intentarían utilizar la enseñanza y el ministerio para su propia ganancia y exaltación. Por ello, les dijo que la única manera en que la iglesia se mantendría unida, creciente y bajo un liderazgo bíblico a fin de dar testimonio al mundo sería por medio de fomentar una cultura y convicción de humildad entre la congregación.

El orgullo destruye el liderazgo

Pablo instruyó a Timoteo para que, al establecer ancianos en la iglesia, no nombrara a un recién convertido, pues el mismo podría verse tentado a una falta en particular: «...no sea que se envanezca y caiga en la condenación en que cayó el diablo» (1 Ti. 3:6). ¿Cuál fue la condenación del diablo? El orgullo; es decir, el deseo de liberarse del señorío de Dios a toda costa. Cuando el diablo tentó a Eva para que coma del fruto del árbol prohibido, lo hizo para que le fueran abiertos sus ojos, a fin de ser «como Dios» (Gn. 3:5) y así quedar libre del gobierno del Señor. Como reflejo de la condenación del diablo, si ella llegaba a saber el bien y el mal, podría hacer lo que bien le pareciera, y ser independiente del Señor.

El orgullo, al ser el deseo de vivir independiente del Señor y ser superior a los demás, es sumamente terrible; y lo es a tal grado que Pablo menciona la soberbia y la jactancia a la par del homicidio y de aborrecer a Dios, entre otros pecados (Ro. 1:29-30). Por esa razón sabía que si Timoteo elegía a una persona orgullosa para formar parte del liderazgo en la iglesia, esto tendría efectos devastadores. Ya que el orgullo es un pecado que fácilmente puede ser enmascarado y escondido —y generalmente está firmemente arraigado en el alma—, Pablo le recomendó que no buscara a un hombre que acabara de llegar a Cristo, sino uno que hubiera sido creyente por suficiente tiempo como para aprender a identificar y combatir el orgullo en su vida. De lo contrario, el puesto de pastor en la iglesia lo perjudicaría trágicamente, tanto a él como a la congregación.

Hoy en día, el peligro sigue latente. El orgullo tiene el potencial de envenenar y destruir el liderazgo de cualquier iglesia. Según los escritos de Pablo, normalmente comienza por medio de personas que «se alaban a sí mismos; [...] comparándose consigo mismos» (2 Co. 10:12). Y poco a poco, a veces discretamente, llegan a utilizar a la congregación para satisfacer su necesidad de adulación y admiración. En otras palabras, se exaltan a sí mismos (2 Co. 11:20). Tristemente, si esto continúa, y «se han vuelto arrogantes» (1 Co. 4:18), llegan a convertir la predicación y la enseñanza en momentos para enaltecerse sobre los demás: «Predican [...] por envidia y rivalidad, [...] por ambición personal, no con sinceridad» (Fil. 1:15, 17). Por ende, su ministerio y liderazgo se centra en ellos mismos y sus necesidades. Al final, dejan de ver a la iglesia como un cuerpo al cual servir y la perciben como una comunidad de la cual beneficiarse.

El liderazgo bíblico es muy diferente; está compuesto por gente que reconoce que sin Dios seguirían siendo lo más vil del mundo y que no tienen de qué «[jactarse] delante de Dios» (1 Co. 1:29). Entienden que son instrumentos indignos para velar por el bien de la iglesia y que su llamado les es encomendado por pura «misericordia» (2 Co. 4:1). No están en el liderazgo para buscar gloria de los hombres (1 Ts. 2:6) ni para agradarse a sí mismos (Ro. 15:1), sino para servir irreprensiblemente, con amor sincero, a Dios y a su rebaño (1 Co. 13:3).

Como Pablo, los líderes fieles viven de tal manera que pueden estar de pie delante de su iglesia local y, habiendo expuesto su proceder, pueden decir: «Yo... soy humilde... delante de vosotros» (2 Co. 10:1). Este tipo de líderes busca llevar a cabo su ministerio, con sangre, sudor y lágrimas, con el único fin de glorificar a Dios y servir a la iglesia, aunque las personas los desprecien y abandonen:

> Nos agotamos trabajando con nuestras propias manos; cuando nos ultrajan, bendecimos; cuando somos perseguidos, lo soportamos; cuando nos difaman, tratamos de reconciliar; hemos llegado a ser, hasta ahora, la escoria del mundo, el desecho de todo (1 Co. 4:12-13).

Ellos entienden que no están en la congregación para servirse, sino para darse por los demás, y ven sus dificultades y dolencias como espinas en la carne a fin de no enorgullecerse (2 Co. 12:7-10).

El orgullo destruye la unidad

El orgullo entre la congregación es igual de letal que el orgullo en el liderazgo. Si las personas en la iglesia buscan elevarse sobre los demás, sintiéndose superiores a su prójimo, ahogarán la vitalidad de la iglesia y crearán una congregación débil y vulnerable.

Una de las peores cosas que le pueden suceder a una iglesia es la práctica continua de rencores, riñas y rumores entre los miembros. Si se fomenta la altivez, se impulsa la arrogancia y se crean patrones de favoritismo, la iglesia no disfrutará de unidad y, consecuentemente, será una presa fácil para cualquier ataque del enemigo y para todo tipo de ideologías y doctrinas erróneas que buscarán plantarse y florecer bajo la sombra de agentes soberbios (Ef. 4:13-14).

Pablo, conociendo los peligros de una iglesia desunida, les imploró que continuamente practicaran la humildad. Filipenses 2:3-4 resume su enseñanza. Primero, les rogó que no se enfocaran en sus propios intereses, cosa que terminaría creando pleitos y problemas: «Nada hagáis por egoísmo o por vanagloria...» (Fil. 2:3). Junto con ello, los animó a ver a los demás como superiores y más importantes que ellos mismos, creando así una iglesia cuyos miembros se interesaban sinceramente por las demás personas: «Con actitud humilde cada uno de vosotros considere al otro como más importante que a sí mismo...» (Fil. 2:3). Finalmente, los exhortó a mirar por el bien de los demás, buscando maneras prácticas para velar por los intereses ajenos: «...no buscando cada uno sus propios intereses, sino más bien los intereses de los demás» (Fil. 2:4).

Una iglesia que practica la humildad como reflejo de su nueva vida en Cristo, será una congregación interesada por el bien, los asuntos, la familia, el bienestar, la santidad y el gozo de cada uno de los miembros. Andando «de una manera digna de la vocación con que [han] sido llamados, con toda humildad y mansedumbre» (Ef. 4:1-2), conformarán un cuerpo bien unido, pues nadie pensará «más alto de sí que lo que debe pensar» (Ro. 12:3). Sus miembros no se llenarán de arrogancia, sino que cuidarán su testimonio de amor hacia Dios y su prójimo (Ro. 11:18-20). En esencia, uno de los aspectos cruciales para la salud de la iglesia es que las personas vivan unánimes, buscando apoyar y bendecir a los demás antes que a sí mismos (Ro. 12:16). Cualquiera puede velar por sus propios intereses, pero en Cristo «ninguno de nosotros vive para sí mismo, y ninguno muere para sí mismo» (Ro. 14:7).

El orgullo destruye el crecimiento

Una de las características del orgullo es la apatía que genera respecto a crecer espiritualmente. Una persona soberbia normalmente piensa que su alma está satisfecha y no necesita más amor, paciencia, mansedumbre y dominio propio. «Ya lo ha alcanzado todo». Ve a su alrededor las carencias en las vidas de sus compañeros y rápidamente puede señalarlas, pero rara vez se ve a sí mismo y reconoce sus fallas (Mt. 7:1-6). Frecuentemente, este tipo de actitudes dan lugar a iglesias desinteresadas en el crecimiento espiritual serio y la madurez en santidad genuina de sus miembros. Se reúnen personas que se creen decentes y modestas, y no pecadores que necesitan de la gracia del Señor diariamente.

Por eso, Pablo recordó a las iglesias que debían vestirse de «humildad», «como escogidos de Dios» (Col. 3:12). Es decir, evidenciarían su cristianismo al despojarse de su orgullo y arrogancia y, en vez de ello, arroparse de humildad y amor. Para él, una iglesia sana está compuesta de personas que se interesan por el crecimiento de los demás (Gá. 6:1-2), comenzando por un compromiso serio a crecer en lo individual (Ro. 12:1-5). Como una madre atenta que se alegra de ver crecer a sus hijos gracias a sus innumerables esfuerzos y fatigas, los miembros humildes de la iglesia se llenan de gozo y gratitud al ver cómo Dios transforma y restaura vidas por medio de su Palabra, y cómo continúa obrando en ellas por el resto de sus vidas.

Eso es precisamente lo que llenaba de alegría a Pablo y lo animaba a continuar luchando diariamente. Al ver que sus seguidores crecían en conocimiento de la voluntad de Dios, amaban a sus hermanos, luchaban contra el pecado y vivían en obediencia, ¡se emocionaba enormemente! Él se gloriaba al ver la obra de Dios en ellos, se enorgullecía—aunque no pecaminosamente, como el orgullo del que hemos estado hablando en las páginas de este libro. A la iglesia en Tesalónica dijo: «Nosotros mismos hablamos con orgullo de vosotros entre las iglesias de Dios» (2 Ts. 1:4). Y a Corinto, una iglesia llena de problemas y pleitos, pero que poco a poco avanzaba en santidad y madurez, les escribió: «Tengo mucho orgullo de vosotros» (2 Co. 7:4).

El orgullo destruye el testimonio

El mundo espera que las personas sean orgullosas por defecto. Alguien que se comporta humildemente, que busca el bien de los demás sin desear nada a cambio y que se interesa genuinamente por el crecimiento y éxito de otros, es sumamente extraño. Pero esa es precisamente la manera que el mundo sabrá que somos seguidores de Jesús: porque nos amamos «los unos a los otros» de manera sacrificial y deliberada (Jn. 13:34-35). Daremos evidencia de que somos hijos de Dios al buscar humildemente el bien y la bendición de los demás, aun cuando sean nuestros enemigos y opositores (Mt. 5:39-48).

Para Pablo, una de las mejores maneras de dar testimonio era por medio de iglesias cuyos miembros se amaban y cuidaban entre sí, tal como nosotros procuramos el bienestar de todos los miembros del cuerpo humano (1 Co. 12:12-26). Esta unión debía ser muy evidente. Si un incrédulo entraba en la reunión debía ser testigo de un cuerpo unido en el que los ricos y pobres se quieren, en el que políticos y mecánicos comparten del mismo pan, en el que doctores y albañiles se preocupan por el crecimiento espiritual mutuo, y en el que así, con palabras y vidas transformadas, se predica y enseña la Palabra; entonces diría «que en verdad Dios está entre vosotros» (1 Co. 14:25). En cambio, si viera una congregación desunida, orgullosa, en donde se muerden y comen unos a otros con tal de sobresalir sobre los demás (Gá. 5:15), no creería, sino que diría: «estáis locos» (1 Co. 14:23). En pocas palabras: la humildad embellece el evangelio y da evidencia de su efecto transformador, mientras que el orgullo lo opaca y silencia.

Conclusión

El pecado del orgullo, tal como se expone en las *cartas de Pablo*, afecta el liderazgo, unidad, crecimiento y testimonio dentro de la iglesia, sus líderes y sus miembros. Es un cáncer que mata sigilosa, pero certeramente. Como hombres renovados, debemos cuidarnos de este pecado en nosotros y cuidar activamente a los demás, no de manera que estemos buscando la mota en el ojo de nuestro hermano (Mt. 7:3), sino buscando «cómo estimularnos unos a otros al amor y a las buenas obras» (He. 10:24), velando los unos por los otros —en amor—, para que el Señor sea glorificado y su iglesia sea edificada.

10

EL ORGULLO EN LAS CARTAS GENERALES Y APOCALIPSIS

Las manifestaciones del orgullo

HEBER TORRES

Hace ya 10 años, un estridente grupo musical llamado *Fangoria* alcanzaba una notable popularidad al reeditar una canción titulada: «A quién le importa». El éxito fue inmediato y no tardaría demasiado en ser adoptada por parte de determinados colectivos como su himno lema. El estribillo decía lo siguiente:

Mi destino es el que yo decido
el que yo elijo para mí
¿a quién le importa lo que yo haga?
¿a quién le importa lo que yo diga?
yo soy así, y así seguiré, nunca cambiaré.

Más allá del ritmo o el estilo, esa canción, sin duda, refleja el sentir de una época. Vivimos en un momento de la historia en el que el orgullo no es visto como un defecto de carácter, sino que se percibe y se proyecta como una señal de identidad. Para muchas personas hoy, «orgullo» es sinónimo de fiesta y disipación. En un sentido, ha llegado a ser un rasgo distintivo para toda una generación, al representar un estilo de vida en el que los límites los establece uno mismo. La humildad, en cambio, es concebida como una restricción del *yo* de la que hay que escapar—¡a menos que queramos limitarnos a nosotros mismos!

La Biblia habla mucho del orgullo y la humildad, pero lo hace en términos radicalmente opuestos a los que comúnmente reparamos alrededor de nosotros. Las *epístolas generales y Apocalipsis* no son una excepción. Esta sección del Nuevo Testamento nos revela qué lugar ocupa el ser humano en el universo (He. 2:6; 1 P. 1:24), y simultáneamente subraya una verdad liberadora y sobria a partes iguales: la gloria del cristiano no se encuentra en lo que tiene o en lo que hace, sino en su posición en Cristo (Stg. 1:9-10).

En su libro *El esposo ejemplar*, el Dr. Stuart Scott enumera hasta treinta actitudes pecaminosas que son consecuencia directa de la falta de humildad.[1] Y es que, como si de un camaleón se tratase, el orgullo se manifiesta de maneras múltiples, pero siempre con un mismo fin: la propia exaltación. De manera particular, quisiera destacar tres manifestaciones concretas que nos exponen de lleno a esta cuestión: autocomplacencia, autosuficiencia y autopromoción. Todas estas palabras comparten un mismo prefijo: «auto». Se trata de un término de origen griego que significa literalmente «por uno mismo». Y es que este es precisamente el problema que nos ocupa: el lugar que nos damos a nosotros mismos.

La autocomplacencia

Cuando nos acercamos a las páginas de la Escritura, observamos cómo la mayoría de las exhortaciones con respecto al orgullo, lejos de estar dirigidas exclusivamente a los pérfidos e inmorales, ponen su foco en aquellas personas cuya religiosidad era pública y notoria. De hecho, una de las amonestaciones más severas que encontramos en la Biblia tiene como destinataria una iglesia local.

1. Stuart Scott, *The Exemplary Husband [El esposo ejemplar]* (Bemidji, MN: Focus Publishing, 2002), pp. 180-183.

La causa no es otra que su autocomplacencia. En Apocalipsis 3, el mismo Señor Jesucristo confronta a la congregación de Laodicea insistiendo en su necesidad de arrepentirse de una actitud tibia. Muchas veces pensamos que el pecado que se denuncia ahí es la falta de compromiso o la pérdida de interés de estos hermanos. Sin duda esto era parte del problema. No obstante, la raíz de esa pérdida de celo por las cosas de Dios era resultado de su engreimiento. Se sentían completamente satisfechos con el estatus que habían alcanzado, y no creían que debieran reforzar ninguna área. ¡Todo lo hacían bien!, hasta el punto de llegar a pensar: «Soy rico, me he enriquecido y de nada tengo necesidad» (Ap. 3:17).

Nuestra carne pretende hacernos creer que somos mejores de lo que notan los demás. Obstinada, insiste en que no necesitamos represión o revisión alguna, sino todo lo contrario. Sus halagos son seductores, y terminamos por pensar que la corrección no tiene cabida en nosotros. Sin embargo, el creyente maduro es consciente de sus propias carencias, y sabe que no hay lugar para la jactancia, pues es mucho todavía lo que le queda por progresar (1 Jn. 1:7-8). Sus méritos reposan en lo que Cristo ha hecho a su favor, por eso su alabanza se dirige solamente a Él (Ap. 1:5-7). Aquel que ha sido alcanzado por el evangelio reconoce que aun las pruebas y dificultades que enfrentamos a lo largo de la vida son un privilegio que viene de Dios y un medio por el que constantemente estamos siendo refinados y conformados a su imagen (1 P. 1:7-9; 4:16).

La prescripción de Jesucristo para la iglesia de Laodicea incluía un colirio para sus ojos (Ap. 3:18). Su orgullo los había cegado de tal modo que todo lo que observaban en ellos mismos les generaba plena confianza. Pero su análisis estaba viciado por el orgullo. Esto mismo puede sucedernos hoy en día. ¿Estamos satisfechos con nosotros mismos, pensando que no hay lugar para el crecimiento? Si respondemos afirmativamente es posible que necesitemos limpiar nuestros ojos también. Recordemos que hemos sido llamados a andar como Él anduvo (1 Jn. 2:6). Por lo tanto, debemos leer nuestras Biblias mucho más y pasar más tiempo en oración para descubrir cada vez más las excelencias de Cristo. Solo entonces sabremos lo mucho que nos queda para que nuestra semejanza a Él sea completa. Y si aún dudamos, ¡preguntémosles a nuestras esposas o a alguien que nos conozca de cerca! Seguramente, nuestras dudas se despejarán rápidamente. Nunca olvidemos que «Dios resiste a los soberbios, pero da gracia a los humildes» (Stg. 4:6; 1 P. 5:5).

La autosuficiencia

El orgullo anida en el corazón del hombre sin importar su educación, condición social o experiencias previas. Una vez que le damos la oportunidad, intentará convencernos de nuestra valía, haciéndonos ver cuán exitosas son nuestras trayectorias. Mientras, indiscreto, el orgullo señalará las fallas de otros hasta hacernos despreciar cualquiera de sus logros. En palabras de William Gurnall: «El orgullo distorsiona nuestro gusto de modo que no podamos saborear nada que provenga del plato de otro».[2] Es por esta causa que el hombre arrogante desprecia tanto la subordinación como la gracia, pues en ambos casos el mérito siempre se le atribuye a otro.

Fue precisamente un carácter envanecido el que privó al pueblo de Israel de alcanzar en un primer momento la tierra prometida (He. 3:8-12). En lugar de reconocer la mano de Dios en su salida de Egipto, se sintieron agraviados. Los que por cuatrocientos años habían sido esclavos consideraban que merecían más, y no quisieron seguir las instrucciones que Dios les había dado. Habían visto lo que Él era capaz de hacer; sin embargo, en su orgullo, fueron endurecidos al punto de no creer en Aquel que los había librado de manos de Faraón (He. 3:19). Una vez que el yugo enemigo ya no reposó sobre sus hombros, se sintieron autosuficientes y no contemplaron el obedecer otra cosa que sus propios impulsos.

Esta falta de modestia irremediablemente nos aleja del arrepentimiento genuino. Sin embargo, el cristiano no ha sido

---

2. William Gurnall, *El cristiano con toda la armadura de Dios* (Carlisle, PA: El Estandarte de la Verdad, 2011), p. 199.

llamado a la autosuficiencia, sino a una dependencia humilde. Esto comienza con el reconocimiento de una constante necesidad de perdón (1 Jn. 2:1-2), pero también de instrucción (Stg. 1:21). Como hombres renovados, una vez que hemos gustado la benignidad del Señor, nos deleitamos al escuchar su Palabra, y no tememos someternos a Dios o a aquellos a los que Él ha designado sobre nosotros (1 P. 2:1-5, 13-18). Eso incluye de manera particular a quienes velan por nuestra salud espiritual (He. 13:17). El hombre humilde reconoce la necesidad que tiene de otros —particularmente de Dios— para su propio crecimiento, pero también asume su compromiso para con sus hermanos por medio de un servicio amoroso y desinteresado. El objetivo no es hacerse un nombre, sino glorificar a su Señor y Salvador (He. 13:16; 1 P. 4:8-11; 1 Jn. 4:20).

La autopromoción

Algunos quieren ser «el niño en el bautizo, la novia en la boda y el muerto en el entierro». Aprovechan la mínima oportunidad para hacerse ver, y hacer notar a otros lo que obran, lo que saben o lo necesaria que resulta su presencia. Este era, precisamente, el caso de Diótrefes, de quien Juan escribió que «le gusta ser el primero entre ellos» (3 Jn. 9). En su afán por promoverse a sí mismo rechazaba la instrucción apostólica, impedía la comunión con otros creyentes y presionaba a los hermanos de la iglesia, llegando incluso a expulsarlos de la congregación si no hacían lo que él quería (3 Jn. 9-10). ¡Qué distinto ha de ser el carácter de un verdadero siervo de Cristo! (1 P. 5:1-3).

A medida que aumenta la soberbia lo hace también la ingratitud para con quienes nos niegan el reconocimiento que merecemos. Progresivamente terminamos por pensar que nuestros criterios son los mejores y no admitimos que nadie cuestione nuestra opinión. Santiago advierte que es entonces cuando los celos amargos y la ambición personal dan lugar a la arrogancia, el engaño y el conflicto (Stg. 3:16; 4:1). Esta actitud resulta particularmente grosera en los que pretenden hacer de la iglesia un espacio para la promoción personal y el *autobombo*. La arrogancia y la vanidad son distintivos de los falsos maestros, que no hacen sino repetir, en forma y en fondo, aquello por lo que es conocido el diablo (2 P. 2:18; Jud. 16). Sin embargo, esto no afecta solamente a aquellos que aspiran a ejercer responsabilidades dentro de la congregación. Todo hombre que da rienda suelta a su carne verá cómo el orgullo fácilmente lo persuade de que no existe otro soberano que uno mismo. Las relaciones en el hogar o el trabajo no tardarán en verse afectadas por la altivez de quien desea imponerse allá por donde va.

El orgullo deforma y manipula la realidad. Sin embargo, las Escrituras, como si se tratara de una brújula, nos devuelven a la senda correcta sanando nuestra ceguera y proveyendo una perspectiva objetiva: toda la gloria del universo pertenece exclusivamente a Aquel que está sentado en el trono. El cielo, al unísono, reconoce que la dignidad está en el Cordero. Y, si nadie tiene derecho a atribuirse lo que le corresponde solamente a Dios, ¡cuánto menos los que se declaran siervos del Rey de reyes! (Ap. 4:11; 5:13). La enseñanza bíblica es clara: «Humillaos en la presencia del Señor y Él os exaltará» (Stg. 4:10). Nunca pretendamos ocupar un espacio al que Dios no nos ha llamado ni reclamemos lo que Él no demanda en su Palabra. En lugar de atraer la atención a nosotros mismos, permitamos que los que nos rodean pongan su mirada en Cristo. ¡Él es el único protagonista!

Conclusión

La Palabra de Dios nos proporciona información suficiente como para comprender el daño que provoca el orgullo, al tiempo que nos muestra lo apropiada que resulta la humildad. Cuando somos humildes reconocemos que hay Uno que sabe más y mejor que nosotros. Nos refugiamos en Uno que es más fuerte que nosotros y confesamos que nuestra salvación eterna descansa en la sangre de Otro (Ap. 12:11). Que el Señor derrame de su gracia y nos libre de la soberbia (Stg. 4:6). Sea nuestro nombre olvidado para siempre, pero el de Cristo exaltado por los siglos.

PARTE 4

El orgullo en la historia de la Iglesia

11

LOS PADRES DE LA IGLESIA Y EL ORGULLO

Engreimiento, motivos tenebrosos y apariencia de piedad

ROBERTO SÁNCHEZ

Los Padres de la Iglesia también hablaron bastante respecto a los peligros del orgullo, simplemente porque es lo que la Escritura resalta. Cuando hablamos de patrística[1] debemos entender que los así llamados Padres de la Iglesia fueron escritores eclesiásticos falibles, que buscaron honrar las enseñanzas de los apóstoles dadas en las Escrituras. Aunque se puede evidenciar una variedad de escuelas de interpretación entre los Padres, una cosa se puede corroborar: «Respecto al estudio de la Biblia, los Padres son, primero y esencialmente, comentadores de las Escrituras, a la que defienden siempre como divina, inspirada y normativa en doctrina y práctica».[2] He ahí por qué consideramos importante «acudir a ellos» para aprender más acerca de nuestro orgullo.

---

1. El término patrística se refiere «el estudio de los Padres» de la Iglesia. Alfonso Ropero, *Obras de los padres apostólicos* (Barcelona, España: Editorial CLIE, 2018), p. 21.

2. *Ibíd.*

Así que, los buenos padres o «los santos padres» (título que recibieron posteriormente) no eran aquellos que estaban sobre, encima o separados de las Escrituras, sino aquellos que eran testigos auténticos de la fe y la doctrina encontradas en la Palabra de Dios. Ellos no tienen autoridad fuera de las Escrituras. Entender a los Padres es entender la doctrina bíblica. Si la doctrina bíblica tiene que ver con la manera apropiada de relacionarnos con Dios, entonces una de las tareas de la teología histórica es observar los muchos siglos de historia eclesiástica y enumerar pecados que asedian al alma, siendo el orgullo el que encabeza la lista de los siete pecados más graves.[3]

El pecado de orgullo es siempre condenado y aborrecible en la Biblia (Pr. 6:16-17; 8:13). El soberbio y orgulloso «no busca a Dios» (Sal. 10:4), pues en su corazón cree que no necesita a Dios y, aún peor, siente que por su grandeza debe ser aceptado por Dios. Ese fue el pecado de Satanás cuando fue echado del cielo (Is. 14:12-15). Se sentía tan grande que quería reemplazar a Dios y terminó con una condenación eterna.

Lo grotesco del orgullo es que le quita la gloria a Dios por lo que ha hecho, atribuyéndose a sí mismo la gloria que solamente le pertenece al Creador (1 Co. 4:7). En esencia, el orgullo es no reconocer y adorar a Dios, sino adorarse a uno mismo. En pocas palabras es autoadoración. El orgullo que rehúsa depender de Dios y someterse a Él figura en la teología bíblica como la raíz y la esencia del pecado mismo. Dios no salva a alguien orgulloso que cree no tener necesidad de la misma salvación. Por esta razón, la Biblia dice: «Abominación al Señor es todo el que es altivo de corazón; ciertamente no quedará sin castigo» (Pr. 16:5).

Clemente de Roma

A pesar de que en el mundo grecorromano no se consideraba la humildad como una cualidad a perseguir, los cristianos sí la veían

3. James Stalker, *The Seven Deadly Sins* [*Los siete pecados capitales*] (Londres, Inglaterra: Hodder and Stoughton, 1901), p. 2.

como una virtud necesaria.[4] Por eso los Padres de la Iglesia condenaron el orgullo. Por ejemplo, a finales del siglo I, Clemente de Roma —un predominante obispo romano— escribió una carta de parte de la iglesia de Roma a la iglesia de Corinto conocida como *Primera Carta de Clemente a los Corintios*. Esta carta fue escrita después de la persecución de Domiciano, aproximadamente en el año 96 d. C. En ella, el autor tiene como intención sanar divisiones internas dentro de la iglesia de Corinto, y provee una serie de exhortaciones en contra de la soberbia.

Clemente escribe lo siguiente: «Seamos, pues, humildes, poniendo a un lado toda arrogancia y engreimiento, y locura e ira, y hagamos lo que está escrito», citando una serie de pasajes tanto del Antiguo como del Nuevo Testamento.[5] Más adelante, este padre de la Iglesia exhorta a los hermanos diciendo:

> Seamos obedientes a Dios, en vez de seguir a los que, arrogantes y díscolos, se han puesto a sí mismos como caudillos en una contienda de celos abominables. Porque nos acarrearemos, no un daño corriente, sino más bien un gran peligro si nos entregamos de modo temerario a los propósitos de los hombres que se lanzan a contiendas y divisiones, apartándonos de lo que es recto.[6]

También, al introducir el ejemplo de Cristo en Isaías 53:1-12, Clemente dice:

> Cristo está con los que son humildes de corazón y no con los que se exaltan a sí mismos por encima de la grey. El cetro [de la majestad] de Dios, a saber, nuestro Señor Jesucristo, no vino en la pompa de arrogancia o de orgullo, aunque

4. T. J. Jenney, «Humility» [Humildad], ed. por David Noel Freedman, Allen C. Myers y Astrid B. Beck, *Eerdmans Dictionary of the Bible* [*Diccionario de la Biblia Eerdmans*] (Grand Rapids: Eerdmans, 2000), p. 617.

5. Ropero, *Obras de los padres apostólicos*, p. 122.

6. *Ibíd.*

> podría haberlo hecho, sino en humildad de corazón, según el Espíritu Santo habló.[7]

No hay duda de que lo contrario del orgullo es la humildad, que es una dependencia completa de Dios y un respeto beneficioso por el prójimo.

Juan Crisóstomo

Juan Crisóstomo —uno de los padres de la Iglesia que más aprecio— se dirige en su tono pastoral a la iglesia de Antioquía, a finales del año 386 d. C., en una homilía titulada: «En cuanto a la humildad de mente», basada en Filipenses 1:18. Aquí, él argumenta en contra de la errónea noción que afirmaba que «siempre y cuando Cristo fuera predicado no importaba si las doctrinas actuales eran verdaderas o heréticas».[8] Su interés en esa homilía es explicar la frase del texto bíblico siguiente: «por pretexto o por verdad, Cristo es anunciado» (Fil. 1:18). En sus comentarios preliminares, Crisóstomo pregunta: «¿quién fue peor que el publicano?».[9] El pobre publicano, de quien se esperaba lo peor, «hizo su alma contrita, y se llamó a sí mismo un pecador»; más no así el fariseo, que hipócritamente buscó cómo esconder sus tenebrosos motivos atrás de sus «buenas obras».[10] Por eso, de entrada, Crisóstomo llama a la soberbia: «la madre de todos los males —vanagloria y orgullo».[11]

---

7. *Ibíd.*, p. 123.

8. Juan Crisóstomo, «Concerning Lowliness of Mind» [En cuanto a la humildad de mente], en *Saint Chrysostom: On the Priesthood, Ascetic Treatises, Select Homilies and Letters, Homilies on the Statues* [*San Crisóstomo: Sobre el sacerdocio, los tratados ascéticos, homilías selectas y cartas, homilías sobre las imágenes*] ed. Philip Schaff, trad. R. Blackburn, vol. 9, A Select Library of the Nicene and Post-Nicene Fathers of the Christian Church, First Series [Una biblioteca selecta de los padres nicenos y postnicenos de la iglesia cristiana, primera serie] (Nueva York, NY: Christian Literature Company, 1889), p. 147.

9. *Ibíd.*

10. *Ibíd.*

11. *Ibíd.*

Para Crisóstomo, la humildad de mente es tan fundamental para la vida cristiana que él dice que cualquier superestructura que pudiéramos edificar —sea el dar, el orar o ministrar— depende de la humildad de mente. Él escribe: «a no ser que primero se haya echado el fundamento [la humildad], todo será edificado sin propósito y en vano; y caerá fácilmente, como aquella casa que fue edificada en la arena».[12] Palabras sabias para todo aquel que está en búsqueda de la humildad.

Dentro de este rico preámbulo, Crisóstomo explica que «pretexto» no significa ignorar nuestros motivos de predicar el evangelio. Es cierto que la gente no se salva por nuestros motivos, sino por la predicación del evangelio. Sin embargo, sin los motivos correctos —la humildad— nadie terminará bien.[13] El asunto aquí no es la salvación de los hombres, sino nuestra propia alma. Crisóstomo ayuda a sus lectores a entender que la evidencia interna de la carta a los Filipenses tiene que ver con la humildad. En ella, Pablo resalta el ejemplo humilde de Cristo, además de Pablo, Timoteo y Epafrodito, quienes adoptaron la actitud humilde del Maestro. Crisóstomo insiste: «considerémonos nosotros mismos los últimos de todos, sabiendo que por el orgullo puede ser echado de los cielos mismos aquel que no atiende»,[14] pues «cuánta ganancia hay en la humildad de mente, y cuánta destrucción hay en el orgullo».[15]

Las comidas fraternales y los vestidos

Las primeras comunidades cristianas tenían la costumbre de celebrar una comida fraternal a la que llamaban *ágape*. De semana a semana los creyentes celebraban estos compañerismos precedidos de oraciones, lecturas bíblicas y alabanzas, que fomentaban la comunión de los santos. Sin embargo, los historiadores nos dicen que «cuando en el siglo IV el cristianismo fue declarado

12. *Ibíd.*, p. 148.
13. *Ibíd.*, p. 152.
14. *Ibíd.*, p. 148.
15. *Ibíd.*, pp. 147-148.

religión permitida, muchos hombres y mujeres se introdujeron en las iglesias sin haber experimentado una conversión verdadera».[16] Por el pecado del hombre, estos ágapes se convirtieron en glotonerías y abusos impertinentes al «punto que en el Concilio de Trulano de 692 tuvo que prohibirse que se celebrara en las iglesias todo tipo de comida más allá de la conmemoración de la Santa Cena».[17] El orgullo realmente tiende a corromper aun las cosas más nobles y beneficiosas para los hombres. El orgullo realmente puede destruirnos cuando solo miramos por lo propio y no por lo de los demás; en cambio, el creyente verdadero hace todo para la gloria de Dios y el beneficio de sus hermanos.

La moda de usar trajes bordados, posterior a la época de Constantino, era increíblemente extravagante. En las ciudades grandes del Imperio romano, las gentes extravagantes llevaban «vestidos vistosos con bordados de oro y plata, representando escenas de caza y de fieras».[18] Se dice que los cristianos piadosos o los que querían parecerlo, «reemplazaban aquellas escenas por otras del Nuevo Testamento, como las bodas de Caná, la curación del paralítico o del ciego de nacimiento, de María Magdalena besando los pies de Jesús, la resurrección de Lázaro, etc.».[19]

Ante estas costumbres desagradables, el obispo Asterio exhortaba a sus feligreses diciendo:

> En vez de llevar en vuestros vestidos la imagen del paralítico, mejor sería que buscarais a los verdaderos enfermos y procurarais aliviarlos; en vez de contentaros con llevar sobre vosotros unos bordados representando a un penitente de

---

16. Sonia Martínez, *100 ilustraciones sobre la historia de la iglesia*, ed. por Tony Segar y David Vela (Bellingham, WA: Editorial Tesoro Bíblico, 2017; Software Bíblico Logos), artículo 60.

17. *Ibíd.*

18. E. Backhouse y C. Tylor, *Historia de la iglesia primitiva: Desde el siglo I hasta la muerte de Constantino*, trad. Francisco Albricias (Barcelona, España: Editorial CLIE, 2004), p. 400.

19. *Ibíd.*

> rodillas, sería mejor que os humillarais y que os arrepintierais de vuestros pecados.[20]

El obispo lo tenía claro. En otras palabras, tal como Pablo advirtió a Timoteo, estas personas solo tenían «apariencia de piedad» (2 Ti. 3:5). Por eso somos llamados a evitar a este tipo de hombres, porque son corruptos de entendimiento, «amadores de sí mismos» y «soberbios» (2 Ti. 3:2).

Conclusión

¿Cuál es el remedio para el orgullo? Si creemos que la esencia del orgullo es el egocentrismo, entonces el remedio para el orgullo es pensar más en Dios y en otros, mientras que activamente pensamos menos en nosotros mismos. Es importante que nos veamos como mayordomos, siervos bendecidos con dones varios para servir a otros y glorificar a Dios con todo lo que Él nos ha dado.[21]

Conscientemente debemos de vernos como siervos, considerando a nuestro prójimo como superior a nosotros mismos, imitando la humildad de Cristo, quien siendo Rey majestuoso vino a este mundo «para servir y para dar su vida en rescate por muchos» (Mt. 20:28; cp. Fil. 2:1-11; Is. 53:1-12). Por tanto, si quieres manejar tu orgullo, sirve, y hazlo incondicionalmente para la gloria de Dios. La humildad está en el centro del carácter de Cristo, una actitud que la comunidad cristiana debe siempre mantener delante de Dios y delante de los hombres.

---

20. *Ibíd.*

21. James Stalker, *The Seven Deadly Sins* [*Los siete pecados capitales*] (Londres, Inglaterra: Hodder and Stoughton, 1901), pp. 17-20.

12

LOS REFORMADORES Y EL ORGULLO

Las cinco *solas* de la reforma y la lucha contra el orgullo

SANTIAGO ARMEL

Los reformadores enarbolaron cinco banderas principales durante su protesta: las cinco *solas* de la Reforma protestante. Estos conceptos en latín resumían las doctrinas cardinales que los reformadores defendieron, en una época cuando la cristiandad se sumía en la más grande corrupción. Los estandartes en cuestión se pueden resumir así: *sola Scriptura*, solo por medio de la Escritura; *sola fide*, solo por la fe Dios salva; *sola gratia*, solo por la gracia somos salvos; *solus Christus*, solo a través de Cristo; y *soli Deo gloria,* solo para la gloria de Dios.

Estos postulados no solo fueron el andamiaje teológico que sostuvo la Reforma, sino que a su vez fueron un redescubrimiento de las doctrinas que siempre han estado en las sagradas Escrituras, pero que muchos habían pasado por alto. El orgullo de los líderes religiosos —sumado a la ignorancia del pueblo— siempre genera un caldo de cultivo para la corrupción del cristianismo. Estas verdades no solo rescataron la soteriología bíblica

—la doctrina de la salvación—, sino que demolieron el orgullo humano. Son doctrinas que, aun después de más de quinientos años, son necesarias para la iglesia en la actualidad, particularmente porque nos ayudarán a combatir el orgullo.

Sola Scriptura

Solo la Escritura es la autoridad última y suprema para la fe y práctica en la vida del hombre. El concepto de *sola Scriptura* pulveriza el orgullo humano, pues nos recuerda que no somos Dios y que no hay nada que podamos poner a la par de la Palabra de Dios. La Biblia es la palabra inspirada, inerrante, suficiente y autoritativa de Dios (2 Ti. 3:16). En términos simples, cuando la Biblia habla, Dios habla.

Es importante enfatizar que la autoridad de la Biblia no se restringe solamente a los temas de salvación. La Biblia debe ser la suprema autoridad en la vida completa del hombre. ¿Cómo debemos manejar nuestras finanzas? ¿Cuál es el trato que debemos dar a nuestras esposas? ¿Cómo debemos criar a nuestros hijos? ¿Cómo debemos tratar a nuestros empleados? Todas estas preguntas y más que dan forma a nuestra existencia deben ser contestadas con base en la voluntad de Dios revelada en las Escrituras. El hombre orgulloso tomará su propio patrón de vida. En contraste, el hombre humilde se sujetará voluntariamente a la instrucción de las Escrituras.

De manera práctica, nuestros sueños o emociones no pueden regir nuestra vida, solo la Palabra de Dios tiene esa potestad. Ni la cultura ni alguna tendencia actual deben dar forma a las decisiones que tomamos como hombres en el hogar. Es solo la Palabra inspirada la que debe regirnos. Nuestros corazones siempre intentarán engañarnos y hacernos creer que nuestras ideas son las mejores. En esa misma línea, Juan Calvino escribió lo siguiente:

> Nuestro orgullo innato es de tal magnitud, que para nosotros siempre somos justos, rectos, sabios y santos, hasta que

somos convencidos, por claras evidencias, de nuestra injusticia, vileza, insensatez e impureza.[1]

Por esa razón debemos acostumbrarnos a filtrar nuestros pensamientos a través de la Biblia. Solo así podremos obedecer humildemente a Dios (Sal. 1:1-3).

Sola fide

Solo la fe es el medio que Dios usa para llevar a los pecadores a la salvación (Ro. 3:21-22). No son nuestras buenas obras las que nos salvan (Ro. 3:28). Es solo una fe genuina que viene en arrepentimiento, confiesa sus pecados (1 Jn. 1:9) y confía en Jesucristo como único medio de salvación (Ro. 10:9). La salvación por medio de la *fe* aplasta al orgullo humano, porque nos gusta sentirnos merecedores de la bendición de Dios. Nos agrada pensar que las cosas están saliendo bien porque hemos sido muy obedientes y consagrados. Sin embargo, ese es un pensamiento diabólico. La Escritura afirma que «toda buena dádiva y todo don perfecto», incluyendo la salvación, provienen de Dios (Stg. 1:17).

Fe en Jesucristo, esto es lo que se necesita para ser salvo. El orgulloso dirá en su corazón: «No puede ser tan sencillo. Yo tengo que hacer algo». Ante este reclamo, la Biblia responde: «Porque por gracia habéis sido salvados por medio de la fe, y esto no de vosotros, sino que es don de Dios; no por obras, para que nadie se gloríe» (Ef. 2:8-9). Somos salvos «por gracia, por medio de la fe», una fe que es otorgada por Dios, que es un «don de Dios», un regalo, algo que no hicimos nada para merecer. Por lo tanto, no hay nada de lo que podamos jactarnos, porque la fe misma viene de Él.

No existe persona más orgullosa en este planeta que aquel que se rehúsa a creer en Jesucristo como única fuente de salvación

---

1. Juan Calvino, *Institutes of the Christian Religion* [Institutos de la religión cristiana], vol. 1 (Edimburgo, Escocia: The Calvin Translation Society, 1845), pp. 48–49.

(Jn. 3:18). Este es el mayor pecado de orgullo. Calvino resumió de manera perfecta la importancia de la fe para nuestra salvación:

> La fe no lleva nada nuestro a Dios, sino que recibe lo que Dios nos ofrece espontáneamente. De ahí que la fe, por imperfecta que sea, posee, sin embargo, una justicia perfecta, porque no considera nada más que la bondad gratuita de Dios.[2]

Esto explica por qué un corazón orgulloso suele tener conflictos para creer: la *sola fide* le resta mérito a él y a sus esfuerzos.

Sola gratia

Solo la gracia soberana de Dios (Ef. 1:6), por medio de su elección (Ef. 1:4), lleva a personas a ser salvas. No se trata de quién quiere ser salvo. No se trata de quién corre o trabaja. Se trata de a quién Dios decide mostrar misericordia (Ro. 9:16), por el «beneplácito de su voluntad» (Ef. 1:5). Simplemente no hay espacio para la voluntad humana. Todo viene de parte de Dios. Por eso, la doctrina de la elección solo por gracia es la verdad más demoledora para el orgullo humano. Dios está en su trono y decide a quién salvar. El apóstol Pablo supo que el engreimiento humano se levantaría a altercar contra esta verdad diciendo: ¿por qué Dios enviará a alguien al infierno si Él no decidió elegirlo para salvación? Pablo contestó a esta altivez en Romanos 9:15-24:

> Porque Él dice a Moisés: Tendré misericordia del que yo tenga misericordia, y tendré compasión del que yo tenga compasión. Así que no depende del que quiere ni del que corre, sino de Dios que tiene misericordia. Porque la Escritura dice a Faraón: Para esto mismo te he levantado, para demostrar mi poder en ti, y para que mi nombre sea

2. Juan Calvino y Henry Beveridge, *Tracts Relating to the Reformation* [Tratados relacionados con la Reforma], vol. 3 (Edimburgo, Escocia: Calvin Translation Society, 1851), p. 125.

> proclamado por toda la tierra. Así que del que quiere tiene misericordia, y al que quiere endurece.
>
> Me dirás entonces: ¿Por qué, pues, todavía reprocha Dios? Porque ¿quién resiste a su voluntad? Al contrario, ¿quién eres tú, oh hombre, que le contestas a Dios? ¿Dirá acaso el objeto modelado al que lo modela: Por qué me hiciste así? ¿O no tiene el alfarero derecho sobre el barro de hacer de la misma masa un vaso para uso honroso y otro para uso deshonroso? ¿Y qué, si Dios, aunque dispuesto a demostrar su ira y hacer notorio su poder, soportó con mucha paciencia a los vasos de ira preparados para destrucción? Lo hizo para dar a conocer las riquezas de su gloria sobre los vasos de misericordia, que de antemano Él preparó para gloria, es decir, nosotros, a quienes también llamó, no solo de entre los judíos, sino también de entre los gentiles.

Hay personas que se muestran con «humildad» ante los hombres. Nunca quieren irrespetar a otro ser humano, son comprensivos y «tolerantes», pero rechazan la idea de que Dios puede decidir hacer lo que quiera con su creación. Este es un estado lamentable y de latente orgullo. Solo la persona que acepta la soberanía plena de Dios sobre el universo puede comenzar a caminar en humildad. No antes. ¿De qué sirve vivir en un estado de aparente humildad ante los hombres, cuando a la primera oportunidad se rebelará a la autoridad del Creador? Creer en la doctrina de *sola gratia* es la puerta de entrada para una vida de verdadera humildad.

Solus Christus

La doctrina de *solus Christus* enseña que la salvación solo puede ser obtenida por medio de Jesucristo. Nadie más puede ser un mediador efectivo entre Dios el Padre y los seres humanos. Solo el Hijo, el segundo miembro de la Trinidad —Dios hecho hombre— puede ser el perfecto sustituto y un efectivo intercesor (1 Ti. 2:5).

Pero, además de la posición de Cristo como mediador en la salvación, los reformadores lucharon por contestar la siguiente pregunta: ¿quién es la cabeza de la Iglesia? Esta pregunta muchas veces se pasa por alto, pero realmente fue la pregunta que dio vida a la Reforma protestante del siglo XVI. ¿Es el papa la cabeza de la Iglesia o es Jesucristo? Por supuesto, sabemos la respuesta: solo Jesucristo tiene suprema autoridad sobre su Iglesia. Pero si Él es el supremo monarca de su Iglesia, entonces el funcionamiento, doctrina y práctica de la Iglesia deben estar sujetos a su autoridad y no a las tradiciones humanas o mandamientos de hombres.

Algunos temen ser orgullosos al defender la autoridad de Cristo en la iglesia, pero no es orgulloso querer que las cosas se hagan bíblicamente en nuestras congregaciones. Los hombres en la actualidad deben comenzar a perder el temor y levantarse con valentía como lo hicieron los reformadores. No obstante, es vital aclarar que esto no es un llamado a los hombres de nuestra generación a creerse los «Luteros» del siglo XXI y rebelarse ante sus autoridades eclesiásticas. Por otra parte, si no son los hombres líderes en las congregaciones quienes estén atentos a la pureza doctrinal de la iglesia, ¿entonces quién más lo estará? Cómo Calvino dijo célebremente: «Un perro ladra cuando su amo es atacado. Yo sería un cobarde si es atacada la verdad de Dios y permanezco en silencio».[3] Solo Cristo debe tener la preeminencia en nuestras vidas, en nuestras familias y en nuestras congregaciones. Debemos sujetarnos a Él en todo cuanto ha mandado y, al mismo tiempo, refugiarnos en Él como Salvador y mediador.

Soli Deo gloria

Si Dios es soberano sobre la salvación del hombre, entonces la implicación lógica es que solo Dios puede recibir toda la gloria (Sal. 115:1). Ya que el hombre lo único que tiene para presentar

3. Martin H. Manser, *The Westminster Collection of Christian Quotations* [La colección Westminster de citas cristianas] (Louisville, KY: Westminster John Knox Press: 2001), p. 56.

delante de Dios en el juicio celestial son sus pecados, no hay lugar para la jactancia y el orgullo (cp. Ro. 3:21-27). Estamos llamados a vivir en todo tiempo para la gloria suprema de Dios (1 Co. 10:31).

Cada acción en nuestro diario vivir tiene que reflejar una cosmovisión enfocada en traer gloria a nuestro Salvador. Este es el verdadero camino de la humildad. A manera de ilustración histórica, vale la pena recordar otra vez al reformador francés Juan Calvino, quien con su teología de la gloria de Dios impactó a toda la sociedad occidental.

Juan Calvino fue un hombre plenamente comprometido con *la gloria de Dios*. El centro de su propia vida y el foco de su enseñanza se caracterizaron por guiar a otros a que vivieran cada instante para que Dios fuera supremamente exaltado. Las palabras de Calvino fueron la mayor influencia para que años más tarde se escribiera el catecismo de Westminster. La primera pregunta de este documento dice: «¿Cuál es el fin principal del hombre?», a lo que el catecismo responde: «El fin principal del hombre es el de glorificar a Dios, y gozar de Él para siempre».[4]

Lo impresionante de esta cosmovisión reformada no es más que lo que la Biblia afirma. Esta idea sagrada de que todo lo que el ser humano hace debe hacerlo para traer gloria a Dios, tuvo una influencia más allá de las bancas de la iglesia e impactó la sociedad hasta nuestros días. Calvino reformó el pensamiento acerca de la vocación y el trabajo. Con audacia enseñó que ningún trabajo es más santo que otro. El reformador de Ginebra influyó en la ética del trabajo protestante y enfatizó que cada persona ha sido llamada divinamente para cumplir una tarea o trabajo en esta sociedad, y ya que este llamado era de parte de Dios, debía hacerse con toda pasión para exaltar al Creador. Por lo tanto, el médico, el granjero, el empresario, la madre o el profesor habían sido asignados divinamente para realizar esa

4. Westminster Shorter Catechism, «Question 1» [«Pregunta 1»], *Westminster Shorter Catechism Project*, visitado el 12 de abril de 2021, https://www.shortercatechism.com/resources/wsc/wsc_001.html.

vocación y debían hacerlo como para el Señor. Sin lugar a duda, esto trajo una revolución en la sociedad y economía de los países influidos por la Reforma. De manera paradójica para el sistema de pensamiento de este mundo, una cosmovisión centrada en Dios y no en el orgullo del hombre, en términos prácticos, será lo más beneficioso para la existencia humana.

Conclusión

Recordar las cinco *solas* de la Reforma nos ayudará a combatir nuestro orgullo y, al mismo tiempo, a cultivar la humildad. Estas doctrinas no solamente nos recuerdan las verdades históricas por las cuales hombres y mujeres dieron su vida. Son también pilares de la fe cristiana que son fundamentales para la vida de todo hombre que quiere vivir en humildad. Que vivamos esforzándonos en cada momento para que el nombre de Dios sea puesto en alto. No vivamos para nosotros mismos, sino para la suprema gloria de Dios.

13

HERMAN BAVINCK Y EL ORGULLO

El orgullo y la humildad en la ética reformada

ISRAEL GUERRERO

Sin lugar a duda, uno de los teólogos más importantes de finales del siglo XIX y comienzos del siglo XX fue Herman Bavinck. Si alguna vez has tenido la oportunidad de estudiar la *Teología sistemática* de Louis Berkhof (1873-1957),[1] entonces, de manera indirecta, has podido estudiar un destilado de Bavinck, ya que él fue muy influyente en el pensamiento de Berkhof.[2]

J. I. Packer (1926-2020) afirmó que Bavinck tuvo una mente y una sabiduría que es comparable a hombres como Agustín (354-430), Juan Calvino (1509-1564) y Jonathan Edwards (1703-1758).[3]

1. Louis Berkhof, *Teología Sistemática* (Grand Rapids: Libros Desafío, 2005).

2. Un par de obras de Herman Bavinck disponibles en español son *Nuestro Dios Maravilloso: Una Teología Sistemática* (Publicaciones Kerigma, 2020) y *Cosmovisión cristiana* (Nuevo Edén, 2021, disponible únicamente en versión electrónica).

3. Véase contraportada en *Reformed Dogmatics. Prolegomena.* [*Dogmática Reformada. Prolegómena*] Vol. I. Editado por John Bolt y traducido por John Vriend (Grand Rapids: Baker Academic, 2003).

Bavinck fue un teólogo y pastor que desarrolló una robusta teología y cosmovisión reformada, que fue aplicada en las distintas esferas de la vida en su determinado contexto, ya sea en el púlpito, en la academia, arte, educación, política y sociedad. ¿No es acaso esto lo que necesitamos en nuestros contextos hispanohablantes?

Debido al fundamento trinitario de su confesionalidad reformada, Bavinck enseñó una teología práctica donde la *dogmática reformada* (un cuerpo de estudio similar a una teología sistemática) se enseñaba en conjunto con una ética reformada. De acuerdo con Bavinck:

> La dogmática y la ética están en unidad [...] la dogmática describe las obras de Dios por —y en— nosotros; la ética describe lo que los seres humanos renovados [nacidos otra vez] ahora hacen sobre la base de —y en la fortaleza de— esas obras [de Dios].[4]

Esto nos enseña algo muy importante: no es posible estudiar, desarrollar y aplicar las doctrinas de la gracia si no vivimos reflejando la gracia de Dios en todo lo que hacemos. En otras palabras, no hay teología reformada si no hay una ética reformada. Debe haber consistencia. Es por esto que el orgullo no tiene lugar para aquellos que estudian y enseñan una teología que refleja las palabras del himno de John Newton (1725-1807), «Sublime gracia».

Entonces, ¿qué enseñó Bavinck a sus alumnos con respecto al orgullo? En sus notas de clase, descubiertas en el 2008 —posteriormente publicadas en el 2019 como *Gereformeerde Ethiek* [Ética reformada][5]—, podemos encontrar a Bavinck refiriéndose en varios lugares al tema del *orgullo*, sus *consecuencias* y su *remedio*. A continuación, desarrollaré brevemente algunos de estos puntos.

4. *Ibíd.*, p. 58.

5. Herman Bavinck, *Gereformeerde Ethiek* [Ética reformada], editado por Dirk van Keulen (Utrecht, Países Bajos: KokBoekencentrum, 2019).

El orgullo en la caída

Luego de desarrollar una profunda sección con respecto a la esencia de la imagen de Dios en el ser humano, Bavinck comienza a describir a la humanidad en «la condición de estar bajo el poder del pecado». Todo comenzó bajo el primer acto de pecado. Este acto consistió en que, a través del orgullo, Eva negó tanto las consecuencias del pecado, como el pecado mismo. Este hecho singular del pecado de Adán y Eva involucró dos movimientos. Por una parte, el pecado los llevó a *apartarse* de Dios y a tener enemistad con Él. Por otra parte, se *volvieron* a sí mismos y se *dieron* a sí mismos, resultando en «egoísmo» y «amor hacia algo que no es Dios, es decir: uno mismo».[6]

En resumen, tanto en el primer acto pecaminoso cometido por Adán y Eva, como también en cada pecado que cometemos, existe una «deificación del yo, glorificación del yo y adoración del yo».[7] ¿No es esto acaso una expresión de lo horrible que es el orgullo? De hecho, las descripciones de pecado y orgullo presentan una estrecha similitud. Para Bavinck, el pecado consiste

> en poner a otro en el trono. Ese otro no es una criatura en general, ni siquiera el prójimo, sino al «yo mismo» de la humanidad. El principio fundamental/organizador del pecado es la autoglorificación/adoración, la autodivinización. De manera más general: egoísmo o amor por sí mismo (deseo/apetito, búsqueda, enfermedad, epidemia). El alejarse de Dios es un volverse a uno mismo [...] El pecado entonces no es meramente una alteración del orden existente —un desorden— sino también un establecimiento de otro orden, es decir, una confusión/desorden. [El pecado] no es solamente contra [orden], también es anti [orden]. En una palabra: revolución.[8]

6. Bavinck, *Gereformeerde Ethiek* [Ética reformada], pp. 81-82.
7. *Ibíd.*, p. 97.
8. *Ibíd.*

De acuerdo con lo anterior, podemos ver que la relación entre la autoadoración, el desorden y la revolución constituyen aspectos esenciales del pecado. De la misma manera, para Bavinck, «el orgullo, que es la expresión desnuda del principio del egocentrismo, se exalta en conocimiento, [...] convirtiéndose incluso en orgullo espiritual».[9]

Una de las cosas que más puede perturbar el desarrollo de la teología reformada en las iglesias es el orgullo espiritual. Aprender, predicar y enseñar acerca de la soberana gracia de Dios con un corazón orgulloso, solo demuestra que somos nosotros quienes queremos ser los soberanos al levantarnos contra la gracia de Dios. Como resultado, este pecado nos llevará a odiar a Dios y a nuestro prójimo. De la misma manera, el orgullo espiritual nos llevará tanto a la «terquedad», como alguien que «siempre alaba y presiona su propia opinión», como también a la «insolencia» e «ingratitud», donde no existe un reconocimiento de nuestra necesidad.[10]

Esto último nos debe llevar a reflexionar seriamente sobre la *intención* y la *manera* en que estamos aprendiendo, aplicando y enseñando las preciosas doctrinas de la gracia. No podemos seguir creciendo para la gloria de Dios si nuestro corazón no reconoce la profunda necesidad de mortificar aquello que destruye la relación entre la teología y la práctica: el orgullo. Es una terrible contradicción enseñar una teología que nos debería llevar a la humildad, pero que en realidad la estamos utilizando para elevarnos por sobre los demás, incluyendo a Dios. ¿No será acaso el orgullo espiritual lo que está llevando a que el mal uso de las doctrinas reformadas esté promoviendo la división entre aquellos que deberíamos estar más unidos en la verdad? Fue esto lo que llevó a Bavinck a reflexionar de la siguiente manera:

9. *Ibíd.*, p. 101.
10. *Ibíd.*, p. 113.

> Siempre lleva a la melancolía el pensar cuánto nos falta todavía en la práctica en nuestra confesión cristiana [...] Aquellos que confiesan a Jesús el Cristo, en particular a los miembros de nuestra Iglesia [Reformada], una lección debe ser retenida: no sean soberbios, sino teman; sean revestidos de humildad.[11]

El llamado es claro: no seamos soberbios. La soberbia espiritual es así de terrible porque refleja lo que ocurrió en la caída. De acuerdo con Bavinck, «posiblemente el orgullo fue el primer pecado y, por lo tanto, el comienzo y el principio básico de la caída de Adán y Eva».[12] Ya sea que estemos preparándonos para el ministerio, que estemos estudiando teología para conocer más a Dios o que queramos aprender a ser mejores esposos, padres o amigos, la siguiente advertencia nos aplica: que el orgullo nunca sea el comienzo ni el fundamento de nuestro aprendizaje. De lo contrario, toda nuestra soberbia espiritual será el comienzo y fundamento de nuestra ruina espiritual.

El remedio al orgullo: fe en Cristo e imitación de Cristo

¿Cómo podemos, entonces, mortificar ese horrible pecado que se incuba en lo más profundo de nuestro ser? La respuesta es «a través de la fe en Cristo». Esta fe «no solamente nos justifica, sino que también nos santifica y salva».[13] De hecho, Bavinck destaca que es la «verdadera fe, la fe no fingida, la que rompe en nosotros toda autoconfianza, remueve nuestro orgullo de su pedestal y marca un final a toda nuestra justicia».[14] ¿Por qué la fe verdadera es la que rompe con nuestro orgullo? Porque es justamente a través de la fe donde nuestra confianza deja de estar

11. Herman Bavinck, *Kennis en Leven* [*El conocimiento y la vida*] (Kampen, Países Bajos: J.H. Kok, 1922), p. 78.

12. Herman Bavinck, *Magnalia Dei. Onderwijzing in de Christelijke Religie naar Gereformeerde Belijdenis* [*Magnalia Dei. Instrucción en la religión cristiana según la confesión reformada*] Tweede Druk [Segunda impresión] (Kampen, Países Bajos: J.H. Kok, 1931), p. 204.

13. *Ibíd.*, p. 462.

14. *Ibíd.*.

puesta en nosotros, para estar firmemente cimentada en el autor y consumador de la fe: Jesucristo.

Finalizaré este capítulo destacando un aspecto que tal vez no es muy estudiado: la imitación de Cristo. Debido a que Cristo pagó por todos nuestros pecados en la cruz —¡incluyendo el orgullo!—, es nuestro deber mortificar este pecado a través del uso de los medios de gracia. Por ejemplo, a través del correcto estudio y predicación de la Palabra, la correcta administración de los sacramentos y la oración. Esto puede ser entendido de manera más profunda al comprender «la forma de la vida espiritual», es decir, a través de «la imitación de Cristo».[15] De acuerdo con Bavinck,

> Cristo no es solamente nuestro Profeta, Sacerdote y Rey, sino también nuestro ejemplo e ideal. Su vida es la forma —el modelo— en la cual nuestra vida espiritual crece y debe asumir.[16]

Entendiendo que esta imitación no se refiere a una forma de repetición de Cristo de la manera en que los monjes creyeron (pobreza, castidad y obediencia), ni tampoco como la entendieron varios místicos,[17] Bavinck procede a hablar desde una perspectiva bíblica y reformada acerca de *Imitatio Christi* [la imitación de Cristo]. De esta manera, la imitación de Cristo consiste en lo siguiente:

1. En el reconocimiento de Cristo como el *Redentor* y *Mediador*. Por lo tanto, la imitación es posible a través de la fe al estar unidos espiritualmente a Cristo.
2. Internamente, al tener comunión con Cristo, y que Cristo sea formado en nosotros.

15. Bavinck, *Gereformeerde Ethiek* [Ética reformada], p. 216.
16. *Ibíd.*
17. *Ibíd.*, pp. 230-231.

3. En que nuestras vidas sean formadas o moldeadas de acuerdo a Cristo.[18]

En otras palabras, a través de la aplicación de los beneficios obtenidos solamente por la obra y persona de Cristo, todos nuestros pecados han sido perdonados para así tener una comunión viva con el Dios verdadero. Como fruto de esto, mortificaremos nuestro pecado al poner nuestra fe en Cristo e imitar a aquel que es manso y humilde: Jesucristo, nuestro Salvador y Señor.

Conclusión

Quizá más de algún lector ya ha estudiado sobre el orgullo, la humildad y la imitación de Cristo. Sin embargo, es mi deseo que, como cristianos, como hombres renovados y reformados, podamos crecer en humildad de manera real y no como algo meramente teórico. En palabras de Bavinck: «Después de todo, el propósito de la ética es que nosotros crezcamos en gracia, y que no nos quedemos en el nivel de la teoría».[19]

18. *Ibíd.*, pp. 231-232.
19. *Ibíd.*, p. 42.

PARTE 5

El orgullo en la vida cotidiana

14

LA IGLESIA LOCAL Y EL ORGULLO

Cultivar relaciones humildes

JOHN EDGAR SANDOVAL

Las relaciones humanas, tal como las estableció nuestro Señor, están estrechamente interconectadas entre sí. De manera que el matrimonio, la familia, la iglesia y la sociedad en general no pueden mantenerse aislados durante mucho tiempo sin que su existencia misma se ponga en riesgo. No fuimos creados para permanecer solos e incomunicados, y debemos relacionarnos bíblicamente en el contexto de la iglesia local en las diferentes dimensiones, tanto puertas adentro como hacia afuera. La presencia del orgullo en los miembros de la iglesia pondrá en riesgo las relaciones humanas, que deben caracterizarse por la humildad.

Humildes en la relación con Dios

Nuestra relación con Dios debe caracterizarse por la humildad. El libro de Hechos nos muestra que los discípulos estaban sujetos a las instrucciones de Jesús (Hch. 1:2). Ellos tuvieron que esperar «la promesa del Padre» antes de salir de Jerusalén (Hch. 1:4-5). Así, la Palabra de Dios y el Espíritu de Dios son vitales para su óptima relación con Dios. Por no hacerlo, cayeron en especulación vana al preguntar algo impertinente: «Señor, ¿restaurarás en este tiempo el reino a Israel?» (Hch. 1:6).

Por ser judíos, los discípulos se sintieron especiales ante Dios, al punto de considerarse como los *favoritos* en el trato del Señor hacia ellos. Aquí está en esencia el orgullo: pensar que Dios tiene obligaciones hacia nosotros. Jesús les advierte que hay cosas que no les son concedidas por Dios. No les correspondía «saber los tiempos ni las épocas que el Padre ha fijado con su propia autoridad» (Hch. 1:7). Sin embargo, les dice: «recibiréis poder cuando el Espíritu Santo venga sobre vosotros; y me seréis testigos en Jerusalén, en toda Judea y Samaria, y hasta los confines de la tierra» (Hch. 1:8). Una iglesia es humilde en su relación con Dios cuando se sujeta a la Palabra de Dios, depende del Espíritu de Dios y cumple la misión de Dios. Cada miembro debe buscar la humildad de esta manera, dependiendo de Él y sometiéndose a Él en todo.

Humildes en la relación con los líderes

También debemos ser humildes al relacionarnos con los líderes de la iglesia local. Cada líder en la iglesia local ha sido llamado, capacitado y respaldado por Dios mismo. Aunque lo sabemos, no siempre estamos de acuerdo y creemos saber más. Lo único que esto provoca es que nuestro orgullo salga a relucir.

En la iglesia primitiva, por ejemplo, los líderes —Pedro, Jacobo y Juan, entre otros— fueron los menos indicados en términos humanos, según narran los Evangelios. No tenían nada de especial en sí mismos. Pero sí tenían algo fundamental: fueron llamados por el Señor. La diferencia entre la traición de Judas y la de Pedro estuvo en la elección del segundo y no del primero por parte de Jesús (Lc. 22:31-32).

La realidad es que los líderes eclesiásticos son llamados y formados para ser siervos. Sirven en el ministerio de «la oración y [el] ministerio de la palabra» (Hch. 6:2-4). Su trabajo está en decir lo que Jesús ordenó (Mt. 28:18-20) y hacerlo confiando en su poder (Hch. 15:28). Ellos aprenden del modelo de Jesús (Mr. 10:43-45). Por eso, el liderazgo cristiano está basado en el servicio a los demás, a semejanza de Jesús. Servirse de otros es el orgulloso modelo del mundo que Jesús condenó, al igual que el apóstol Pedro (1 P. 5:2-3). Los líderes saben que no deben estar sobre el rebaño, sino entre ellos, liderando con la autoridad que únicamente Dios les ha dado sobre un rebaño que le pertenece a Él. Por otro lado, esta realidad no debe hacer que los miembros de las iglesias menoscabemos a nuestros pastores, ni que seamos duros con ellos, sino que los respetemos, los amemos y nos sometamos a su liderazgo para la gloria de Dios y la edificación de la iglesia local.

Los líderes que basan su autoridad en el servicio a otros son humildes y benefician a la congregación. Por eso, debemos aprender de ellos y relacionarnos con ellos con humildad, reconociendo su liderazgo en medio de nosotros. Quienes imponen su autoridad para servirse de la congregación, destruyen a la grey y a sí mismos (1 P. 5:5-6). De igual manera, los miembros que, llenos de orgullo, buscan dividir y sublevarse a la autoridad dada por Dios en cada iglesia local no harán más que traer dolor y quebranto. Los orgullosos están en guerra contra Dios y carecerán de su respaldo. Perecerán al igual que Judas y llevarán a muchos a la ruina (Jud. 17-19). Busquemos estar llenos de humildad.

Humildes en la relación con los miembros

Además, como hombres renovados debemos relacionarnos con otros miembros de la iglesia con mucha humildad. Los cristianos primitivos fueron semejantes a nosotros. Tuvieron las mismas inclinaciones nuestras. Solo leyendo las cartas del Nuevo Testamento sabemos que sus conflictos no fueron muy distintos a los nuestros. Estos cristianos «se dedicaban continuamente a las enseñanzas» (Hch. 2:42), «comían juntos con alegría y sencillez de corazón» (Hch. 2:46) y eran «de un corazón y un alma» (Hch. 4:32).

El servicio y comunión dentro de la iglesia dependen de la fe. Simplemente no podremos tener relaciones humildes con otros miembros si no tenemos fe. Como vimos en el libro de Hechos, dicha fe es en el Señor Jesús, alimentada por la enseñanza de los apóstoles y como fruto del Espíritu de Dios morando en ellos (Hch. 2:38, 42; 4:32). Solo después de haber sido perdonados y de haber recibido el Espíritu Santo podían escuchar y creer la Palabra del Señor y, como consecuencia, tener comunión los unos con los otros de una manera muy singular y especial. Por el contrario, el orgullo nace de la incredulidad en el Hijo de Dios. Cuando el orgullo está presente, no hay servicio mutuo ni comunión los unos con los otros (Hch. 5:9; 8:20-23).

Esteban murió como el primer mártir cristiano a manos de religiosos cuya fe no era en Cristo. No servían a su prójimo, sino calumniaban, ultrajaban y despreciaban tanto a Jesús como a los suyos (Hch. 6:13; 7:51-53; 8:1-3). Esteban, lleno del Espíritu Santo, pudo servir aún a sus enemigos, perdonándolos y orando por ellos a Dios.[1]

Los miembros más útiles en la iglesia están llenos del Espíritu. Mientras más comunión tienen con Dios, más compañerismo cristiano exhibirán naturalmente. El pecado del orgullo y sus manifestaciones hacen presencia en quienes «las obras de la carne son evidentes» (Gá. 5:19-21). Contrario al pensamiento popular evangélico, ser alguien espiritual en realidad no te aísla de los hermanos, sino que, al contrario, te une más y más al cuerpo de Cristo (1 Co. 12:13).

Humildes en la relación con las otras congregaciones

También es igualmente importante vivir humildemente al relacionarnos con otras congregaciones. No es infrecuente, en tiempos en los que abundan iglesias en muchas ciudades, que haya algún tipo de rivalidad entre ellas. La iglesia primitiva, cuya sede inicial fue Jerusalén, se multiplicó en varias congregaciones. En Hechos 2, vemos a muchos judíos piadosos en Pentecostés, que

1. Los que son llenos del Espíritu Santo están al servicio de otros, no de sí mismos. Las virtudes cristianas son fruto del Espíritu (Gá. 5:22).

procedían de diferentes lugares. En Hechos 6, vemos a judíos creyentes dentro de los griegos y libertos. En Hechos 8, vemos a samaritanos creyentes. Y en Hechos 10, vemos a gentiles que creyeron. Era importante que, independientemente de su procedencia o ubicación geográfica, se relacionaban como lo que eran: hermanos.

El orgullo en las diferentes congregaciones hubiera creado grupos rivales entre sí, lo que detendría el avance del evangelio y la madurez cristiana. Aunque no fue perfecta la relación entre estas iglesias, particularmente cuando se trataba de judíos y gentiles (Hch. 10:28), todo se resolvía al tener la perspectiva correcta, pues «Dios no hace acepción de personas, sino que en toda nación el que le teme y hace lo justo, le es acepto» (Hch. 10:34-35). Esto permitió a los cristianos que se relacionaran mejor con cristianos de otras iglesias.

Un mal ejemplo fueron los judaizantes, que no se humillaban ante Jesús ni ante los demás; antes bien, humillaban a las personas, para «gloriarse en [su] carne» (Gá. 6:13). Los judaizantes eran expertos en destruir iglesias, porque eran «falsos hermanos introducidos secretamente, que se habían infiltrado para espiar la libertad que tenemos en Cristo Jesús, a fin de someternos a esclavitud» (Gá. 2:4-5). El orgullo divide al crear muros, la humildad une al usar puentes.

Humildes en la relación con los no cristianos

Por último, más no por ello menos importante, debemos ser humildes al relacionarnos con los que no creen. No podemos ni debemos olvidarnos de ellos. La gracia de Dios alcanzó a los que hoy somos hijos de Dios, por lo cual, no hay nada por lo que debamos enorgullecernos. El mandato evangelístico debe fluir naturalmente de un corazón agradecido. Un hombre renovado vive a la luz de haber sido salvado de la condena eterna y, por lo tanto, celebra la gracia de Dios en Cristo. Los no cristianos necesitan saber acerca de Aquel que nos rescató. Busquemos en humildad acercarnos a los que no creen y hablarles acerca de las buenas nuevas de salvación en Cristo.

Somos luminares que reflejamos la luz del «que [nos] llamó de las tinieblas a su luz admirable» (1 P. 2:9). Debemos ser luz, porque pertenecemos al que es «la luz del mundo» (Jn. 8:12). Todo en nuestra vida debe apuntar a Cristo, en humildad, no permitiendo que el orgullo se apodere de nosotros, y de esa manera dar un mal testimonio a los que no creen. Además, incluso nuestra relación con otros dentro de la iglesia será de mucho provecho, puesto que el mundo reconocerá a los cristianos por su amor «los unos a los otros» (Jn. 13:34-35). Al vernos, el incrédulo debe distinguir a «un pueblo humilde [...] que se refugiará en el nombre del Señor» (Sof. 3:12).

Conclusión

Dios nos manda vivir vidas santas, como hombres renovados que somos. Parte de vivir vidas santas es relacionarnos en humildad con todos los que nos rodean. Sin embargo, en la iglesia local, que es donde esperaríamos encontrar más humildad, a menudo encontramos mucho orgullo, relaciones rotas, iglesias divididas y demás. Procuremos el bien de todos y cultivemos relaciones en las que el Señor es el centro y que se basan en la Palabra de Dios, revestidos de mucha humildad, considerando a nuestro prójimo como superior.

15

EL MATRIMONIO Y EL ORGULLO

Un enemigo multifacético

ADRIÁN SEBASTIÁN WINKLER

El pecado invade todas las esferas de la vida humana, tanto nuestra vida interior como nuestras relaciones (Ro. 8:6-7). Como resultado de esto nuestra relación con Dios se ha visto afectada, pero también nuestra relación con otras personas. Lógicamente, el matrimonio no escapa a esta realidad. Con frecuencia hay conflictos y no es atípico que haya desacuerdos y malentendidos. Por eso, muchos creen que es prácticamente imposible evitar este tipo de problemas en el matrimonio.

El matrimonio es, en pocas palabras, la unión de dos pecadores—con todo lo que ello implica. Sin embargo, el matrimonio cristiano es la unión de dos pecadores redimidos, y las implicaciones de ello son maravillosas. Uno de los pecados que más afecta a nuestros matrimonios es el orgullo, que es, sin dudas, un poderoso enemigo de nuestro hogar. Hay orgullo en el matrimonio, como lo hay en cada persona, en cada relación y en cada institución en la que haya personas. En otras palabras: si hay hombres orgullosos, hay esposos orgullosos.

Un enemigo de múltiples caras

En ocasiones, el orgullo se nos muestra a cara descubierta. Es evidente. Casi ni se oculta. ¿Cuántas veces ha surgido un desacuerdo con nuestras esposas solo para darnos cuenta de que ella tenía la razón? Cuando eso sucede, nos cuesta reconocer nuestro error. Nos cuesta afirmar: «¡me equivoqué!». A veces preferimos no dar el brazo a torcer y nos obstinamos en hacer algo de una manera, aunque sepamos que estamos equivocados y que quizá las cosas saldrán mal. La terquedad es una de las caras más visibles del orgullo.

De igual forma, cuando surge una discusión, o cuando algo que se dice resulta ofensivo, es difícil reconocer y pedir perdón. Algo sencillo, pero a menudo doloroso de hacer, se vuelve muy difícil debido al pecado. Aunque es, a todas luces, una necedad, muchos hombres preferimos no pedir perdón. Por eso tratamos diferentes estrategias para obviar ese incómodo paso. En ocasiones, dejamos pasar el tiempo, para luego pretender como si nada hubiera pasado. A veces, como hasta parece ser una táctica que da resultado, seguimos llevándola a cabo hasta que se hace parte de nosotros. El orgullo, entonces, se muestra como la resistencia a reconocer nuestra falta.

Por otro lado, algunos hombres tienen una manera interesante de reaccionar cuando saben que sus esposas pueden estar enojadas por algún motivo. Cuando se sienten acorralados, echan mano de esta estrategia: en lugar de reaccionar con humildad, ¡reaccionan simulando (o no) un enojo aún mayor! Es entonces cuando el orgullo se hace evidente como ira pecaminosa.

Puede que algunos, al leer lo anterior, no se sientan incluidos ni descritos. De ser así, deben dar gracias a Dios por ello y mantenerse humildes y alerta. Sin embargo, debemos saber que el orgullo tiene otras caras —otros aspectos—, tal como veremos a continuación.

Cuando el orgullo se disfraza

La efectividad del orgullo tiene que ver, en gran manera, con su enorme capacidad de ocultarse bajo otros rostros. Incluso se pone máscaras agradables: puede mostrarse servicial, preocupado por el otro y hasta «humilde». Pero sigue siendo el mismo enemigo.

Una de las formas más sutiles del orgullo, cuando se manifiesta en nuestros matrimonios, es el silencio. Sencillamente no hablamos. Cuando nuestras esposas, que nos conocen profundamente, notan en nosotros algo distinto, algo extraño, seguramente nos preguntarán si todo está bien. Sin embargo, a menudo solemos callar. Muchas veces no estamos dispuestos a compartir nuestras cargas y preocupaciones. Tratamos de restarle importancia y minimizar lo que sentimos, probablemente con una sonrisa forzada. No nos engañemos: ellas saben perfectamente que algo sucede. Pero si nosotros no estamos dispuestos a hablar de ello, difícilmente podrán saber cómo ayudarnos. Estas son oportunidades perdidas en el matrimonio para unirse más y apoyarse mutuamente. Es el orgullo en acción, aunque de manera encubierta.

A veces justificamos nuestro pecado. Pensamos que lo mejor es evitar traer los problemas del trabajo a casa. Esto no necesariamente implica que tengamos una mala intención. Puede ser que simplemente no deseamos generar una preocupación innecesaria en nuestras esposas. Sin embargo, nuestro orgullo hará más daño del que tratamos de evitar.

Lo cierto es que los hombres hemos recibido una gran responsabilidad de parte del Señor. Debemos guardar y cultivar nuestros hogares. Pero, en ocasiones, la cultura nos hace creer que tenemos que ser fuertes e independientes, que no tenemos que pedir ayuda a nadie y que no tenemos que mostrar nuestras debilidades. En otras palabras: tenemos que ser «hombres». Sin embargo, Dios no nos ha llamado a vivir así. De acuerdo con el mensaje del evangelio, ser hombres no es ser autosuficientes. La razón por la cual muchas veces no hablamos con nuestras esposas de aquello que nos genera temor, preocupación o angustia es sencillamente el orgullo. El orgullo es básicamente creernos autosuficientes. Esto nos llevará a la ruina (Pr. 16:18), alejándonos de aquello que somos llamados a guardar y proteger, especialmente nuestras esposas.

Conclusión

El evangelio es siempre la solución a nuestro orgullo. El Señor, a través de su Palabra, nos ayuda a examinar nuestros corazones y ver qué motiva nuestras actitudes. Él nos ayuda a desenmascarar nuestros «sentimientos de autosuficiencia» y confesarlos delante de Él para ser perdonados y transformados.

El capítulo 2 de Génesis relata cómo el Señor vio que no era bueno que el hombre estuviera solo. Por eso, Dios le proveyó una ayuda idónea (Gn. 2:20), haciéndolos así «una sola carne» (Gn. 2:24). Desde ese momento, ya no eran dos, sino uno. Dios sabe que necesitamos ayuda. Sabe que nos complementamos. No podemos pretender vivir solos, llenos de orgullo, aislados en nuestro mundo.

Aprender a compartir nuestras cargas con nuestras esposas es un proceso, pero trae gran madurez al matrimonio. Muchas grandes soluciones me fueron brindadas por mi esposa. Muchas de las situaciones que me resultaron difíciles de sobrellevar, no lo fueron tanto gracias a su ayuda, ánimo, consejo y oración. Es mi oración que cada uno de nosotros desarrollemos una masculinidad despojada de orgullo y autosuficiencia. No temamos equivocarnos. No tengamos temor de vernos vulnerables. ¡Dios nos brindó su ayuda en la forma de una esposa! Vivamos agradecidos por ellas y roguemos al Señor que nos ayude a despojarnos del orgullo.

16

LOS PADRES Y EL ORGULLO

Ser el modelo y legado para nuestros hijos

HEBER TORRES

Hace algunos años, la prensa internacional se hacía eco del fallecimiento de un acaudalado joven portugués. Además de lo precoz de su partida (solamente tenía 42 años), lo que más llamó la atención de los periodistas fue la historia que este hombre escondía detrás. Una suculenta fortuna figuraba a nombre de Luis Carlos de Noronha Cabral da Camara, un enigmático individuo que nunca se casó ni tuvo hijos. Solo y sin herederos, el excéntrico millonario había escogido una fórmula verdaderamente disparatada para determinar quiénes serían los beneficiarios de su patrimonio. Ni corto ni perezoso, agarró una guía telefónica y de entre el total de los inscritos seleccionó a setenta ciudadanos «anónimos» como legítimos herederos. La sorpresa para todos y cada uno de los premiados el día en que los citaron para el reparto fue mayúscula. Pero la variedad de bienes legados no resultó menos insólita: lujosos apartamentos, coches, dinero y hasta pistolas de colección.

Los que somos padres no necesitamos recurrir a la guía telefónica —¡si es que todavía existen!— para escoger a nuestros herederos. La cuestión no es tanto a quiénes legaremos, sino cuál será el legado que dejaremos a nuestros hijos. No estoy pensando en bienes materiales. Estos vienen y van, se deprecian y devalúan, y por mucho que nos afanemos nunca podrán trasladarse más allá de la esfera de lo efímero y lo temporal. Seamos ricos o pobres, tengamos más o menos posibilidades económicas, los padres ejercemos una influencia tanto poderosa como duradera en la vida de aquellos sobre los que el Señor nos ha puesto.

Salomón era muy consciente de que no es necesario, ni sabio, confiar y esperar al testamento para comenzar a influir en la vida de nuestros hijos (Pr. 22:6). En ese sentido, cada día «repartimos» nuestra herencia haciéndolos receptores y consignatarios de nuestras decisiones, reacciones, instrucciones, así como de nuestras palabras. Como aprendices natos que son, ellos observan y se empapan de lo que somos, de lo que hacemos y de cómo lo hacemos. Al punto que cada interacción que tenemos con ellos impacta, moldea y configura su carácter. ¡Qué gran responsabilidad!

En 2 Timoteo 3, Pablo advierte a su discípulo Timoteo acerca del tipo de hombres que abundarán en esta era en la que nos ha tocado vivir, particularmente refiriéndose a aquellos que ocupan una posición de liderazgo e influencia. Entre otras muchas «lindezas», los describe como «calumniadores, desenfrenados, salvajes, aborrecedores de lo bueno» (2 Ti. 3:3) y más. Pero en toda esta lista, más y más degradante, también coloca a los que manifiestan actitudes aparentemente menos «escandalosas», y que se encuentran estrechamente ligadas a lo que conocemos como orgullo. El apóstol comienza por los que son «amadores de sí mismos» y, asimismo, incluye a los «jactanciosos, soberbios» y a los «envanecidos» (2 Ti. 3:2, 4). Y es que, finalmente, los que tienen tan alto concepto de sí mismos, terminan también por tener una «mente depravada, reprobados en lo que respecta a la fe» (2 Ti. 3:8).

Definitivamente no quisiéramos que esta clase de personas ejercieran influencia alguna en la vida de nuestros hijos. Mucho menos, que seamos nosotros los que actuaran de un modo tan orgulloso. Pero, tristemente, se trata de un comportamiento habitual en muchos hogares. Ya sea por alardear nuestros logros buscando la adulación y las lisonjas de nuestra familia, o porque somos incapaces de reconocer nuestros errores y limitaciones, los padres podemos estar actuando de manera orgullosa. Y, por ende, enviando un mensaje a nuestros hijos que dista mucho de ser el adecuado como súbditos del Rey de reyes.

El orgullo ante el éxito

La Biblia nos enseña que hemos de esforzarnos en aquello que emprendemos, como esa hormiga que trabaja aun cuando nadie la vigila ni la obliga a ello (Pr. 6:6-8). En un mundo orientado al entretenimiento, y donde muchos viven entregados a la ley del mínimo esfuerzo, como padres, debemos ser un ejemplo de dedicación y empeño en todo lo que el Señor ponga en nuestro camino. Pero lejos de jactarnos en aquello que logramos, cuando conocemos a Aquel que nos da la vida, queremos vivirla según su voluntad (Jer. 9:23-24). El Espíritu de Dios nos recuerda que es Dios mismo el que produce «en [nosotros] tanto el querer como el hacer» (Fil. 2:13). Por eso lo hacemos todo para la gloria de Dios (1 Co. 10:31). En palabras de Jerry Bridges:

> Desde el punto de vista humano, podría parecer que hemos triunfado como resultado de nuestra gran tenacidad y trabajo arduo. Pero, ¿quién nos dio ese espíritu emprendedor y buen juicio para lograrlo? Dios. A los corintios orgullosos Pablo les escribió «Porque ¿quién te distingue? ¿Qué tienes que no recibiste? Y si lo recibiste, ¿por qué te jactas como si no lo hubieras recibido?» (1 Co. 4:7). Por lo tanto, ¿qué tienes que no hayas recibido? Nada. Todo lo que tienes es un regalo de Dios. Nuestro intelecto, nuestras habilidades y nuestros

> talentos naturales, la salud y las oportunidades para triunfar vienen del Señor.[2]

No importa cuán imponente llegue a ser nuestro logro. Por más atractivo que resulte a la vista, el orgullo, cual ponzoña imperceptible, lo contamina hasta convertirlo en un fruto venenoso. Aquello que podría haber despertado el respeto o la admiración de nuestros seres queridos; eso en lo que hemos invertido tiempo, esfuerzo y dedicación; todo lo que —en definitiva— el Señor nos permite alcanzar, queda oscurecido y mancillado en el momento en el que nos hinchamos ocupando el lugar que no nos corresponde. Nuestra altanería, en lugar de elevarnos, nos hace descender al terreno de lo mediocre: allí donde la insolencia y la vanidad campan a sus anchas.

Sin embargo, bien sea en lo extraordinario o en lo recurrente, hemos de recordar cuál es nuestra verdadera posición, sabiendo que aun el aire que respiramos es resultado de la gracia de Dios. En lo mismo que el Señor Jesucristo instruyó a sus discípulos, debemos enseñar a nuestros hijos. Eso sí, una vez que sea una realidad para nosotros primero: «Así también vosotros, cuando hayáis hecho todo lo que se os ha ordenado, decid: "Siervos inútiles somos, hemos hecho solo lo que debíamos haber hecho"» (Lc. 17:10).

Cada conquista y cada objetivo cumplido nos proporcionan una doble oportunidad de trasladar un ejemplo piadoso a nuestros hijos. Por un lado, siendo responsables ante lo que el Señor nos ha encomendado y, al mismo tiempo, dándole la gloria a Aquel que nos ha permitido llevarlo a cabo. Seamos intencionales en combatir el orgullo ante nuestros éxitos.

El orgullo ante el fracaso

Pocos escritores bíblicos han expuesto el peligro del orgullo con la claridad con la que Salomón lo hace en el libro de Proverbios.

---

2. Jerry Bridges, *Pecados respetables* (El Paso, TX: Editorial Mundo Hispano, 2008), p. 105.

Además de insistir en la importancia de mantener una actitud humilde delante de Dios (y el prójimo), repetidamente nos advierte del peligro de dejarnos seducir por el orgullo. Resulta significativo que tanto su padre como su hijo experimentaron una gran paliza como resultado de su altivez.

El rey David es, sin duda, uno de los personajes bíblicos más conocidos. A pesar de sus talentos y la admiración que despertaba en sus contemporáneos, este hombre mantuvo una conducta humilde durante gran parte de su vida. Sin embargo, ya casi al final de su trayectoria, la magnitud de su dominio lo deslumbró. En 1 Crónicas 21 se nos relata cómo David, incitado por Satanás y desoyendo las advertencias de sus colaboradores más cercanos, quiso censar al pueblo con la idea de cuantificar su grandeza. Algunos años más tarde, su nieto Roboam, heredero de un reino todavía mayor, se creía infinitamente superior a todos sus gobernados. Al igual que lo había hecho su abuelo, desoyó el consejo de los sabios, pero fue mucho más allá hasta oprimir al pueblo sin miramiento alguno a fin de imponer su hegemonía (2 Cr. 10).

Ambas decisiones fueron motivadas por un orgullo ciego, y las consecuencias resultaron fatales, tanto para el pueblo como para las familias de estos hombres. Sin embargo, sus respuestas al fracaso resultaron diametralmente distintas. Roboam se afirmó en su dictamen y terminó por dividir un reino que nunca más se volvería a unir. David, en cambio, reconoció su maldad, y concluyó aquel incidente ofreciendo holocaustos a Dios en la parcela de Ornán. Pero no solamente eso. Toda aquella situación lo movió a poner en marcha lo necesario para la construcción del templo —obra que finalmente encargaría a su hijo Salomón— y a hacer esta confesión: «Él ha entregado en mi mano a los habitantes de la tierra, y la tierra está sojuzgada delante del Señor y delante de su pueblo» (1 Cr. 22:18). ¡Qué actitud tan sumisa!

Salomón fue testigo del fracaso de su padre, pero también de su sincera humillación. Una humillación que lo impulsó a invertir sus mejores recursos en la mayor construcción que el pueblo de

Israel jamás ha conocido, haciendo a su hijo parte integral de ese proceso. Ante nuestros fracasos, busquemos combatir el orgullo.

Conclusión

Evita la jactancia en tus triunfos y el engreimiento en tus logros. Y en todo lo que emprendas da a Dios la gloria debida a su nombre. De esa forma, además de vivir en obediencia, estarás legando a tus hijos un tesoro formidable con valor en este mundo y en el venidero.

17

LAS REDES SOCIALES Y EL ORGULLO

Luchas y tensiones modernas

JACOBIS ALDANA

Si viviste en una época anterior a la existencia de la Internet, seguramente miras hacia atrás con sorpresa al ver cómo el mundo se movía y se comunicaba en comparación con la actualidad. ¡Es radicalmente diferente! Aunque no nos guste pensar al respecto, quizá nosotros seremos el pasado retrógrado de una generación más tecnológica en el futuro. Lo cierto es que no solo cambia la tecnología, sino también aquellos que interactúan con ella.

La tecnología no solo ha cambiado nuestras formas de interactuar con otros y con lo que nos rodea. Nos ha envuelto en una «migración» de nuestros pecados de la vida real a las sofisticadas plataformas digitales, todo con sutileza. Algunos pecados asociados al uso de la tecnología son fáciles de detectar: lujuria, maledicencia, lascivia y otros. Sin embargo, otros pecados están tan enraizados en el sistema que casi son aceptados como «normales» por la masificación de su práctica.

Uno de esos pecados es el orgullo, el mismo que Jesús condenó en los fariseos y en todos los que pretendían encontrar justicia en sus propias obras. Hoy en día, parece que las redes sociales han convertido el orgullo en algo que debe ser aceptado y normalizado, en lugar de ser resistido. Es más, a menudo parece que las redes sociales son simplemente una plataforma para exhibir minuto a minuto el orgullo de millones de seres humanos. Como hombres renovados que somos, que saben que continúan en un proceso de santificación, debemos permanecer en alerta constante por nuestra vida, en completa dependencia del Señor. A continuación, veremos tres maneras en las que nuestro orgullo puede relucir en las redes sociales y que debemos ser capaces de reconocer a tiempo, antes de que sea demasiado tarde.

El orgullo en lo intelectual

A menudo, los hombres luchamos con el deseo de imponernos como superiores. Nos atrae el hecho de ser referentes, icónicos y respetados; en pocas palabras: un *macho alfa*. Esto es parte de las consecuencias de la caída: un anhelo de recuperar el señorío perdido, de no ceder territorio. Una de las formas en las que eso se manifiesta es tratar de presentar nuestras opiniones como más dignas que las de otros. En ese momento, parece que somos expertos en todo, y tratamos de hacernos escuchar. Por eso, cuando debatimos algo con lo que no estamos de acuerdo, peleamos intensamente con la intención de no mostrarnos débiles. ¡Ay de aquel que pierda una batalla así delante de una gran nube de testigos!

Como hombres renovados, como hijos de Dios, debemos guardarnos del orgullo que tan fácilmente aflora. Si realmente somos conscientes de nuestra posición en Cristo, debemos entender que no estamos en una lucha de territorio en la que gana el que tenga el rugido más fuerte. No es cosa del más rápido o el más fuerte. No se trata de ser el que aguanta más. No perdemos dignidad cuando nos retiramos de un debate o cuando admitimos con humildad que no sabemos de un tema en particular. No somos más hombres si desarrollamos un argumento con marcada elegancia y lógica, ni somos menos hombres al reconocer que hay personas de las que podemos aprender o de las cuales es legítimo diferir. No debemos tener siempre la razón. Nadie espera eso de nosotros —¡sobre todo porque no tenemos siempre la razón! Dejemos de buscar ser reconocidos por nuestro intelecto, y seamos sobrios, hablando solo lo necesario y dejando que Cristo brille en nosotros.

El orgullo en la vanidad

Otra manera en la que luchamos con el orgullo en las redes sociales es hacer alarde de nuestros logros o posesiones. No necesitamos un estudio profundo para saber que, en términos generales, mujeres y hombres interactúan de maneras distintas en las redes sociales. Las mujeres, por un lado, se preocupan por cómo salen en una foto: el ángulo, la vestimenta, el cabello, el maquillaje, entre otros. Pero eso no es algo que preocupe tanto a un hombre, o al menos no en la teoría. Sin embargo, hay algo que sí somos tentados a mostrar como hombres: aquello que poseemos. Encontramos satisfacción en lo que hemos logrado, pero a menudo encontramos más placer en mostrar lo que nuestro trabajo y esfuerzo consiguió.

Las redes sociales intensifican el deseo de mostrar como logros personales las cosas materiales que Dios nos da solo por su gracia. Como hombres sentimos nuestra masculinidad al máximo cuando logramos obtener algo: una casa, un automóvil, un viaje, etc. Hay satisfacción en la conquista, en el logro, en sentirnos proveedores de nuestras familias. Compartir estas cosas en las redes sociales, con la intención de mostrar gratitud, no es necesariamente erróneo. Pero debemos evaluar nuestra motivación para no terminar deshonrando al Señor, exhibiéndonos como artífices de nuestra gloria personal. No le robemos a Dios su gloria.

El orgullo en la indiferencia

Los dos aspectos antes mencionados tienen que ver con el uso activo de las redes sociales, es decir: involucran la intención de publicar algo. Sin embargo, hay una manera pasiva en la que el orgullo puede expresarse en nosotros como hombres: con la indiferencia. Esto tiene que ver con evitar reaccionar positivamente a lo que otros comparten como logros o motivos de gozo. Preferimos ver y callar. Hacemos caso omiso, porque nos incomoda. Es una especie de envidia silenciosa, como si pensáramos que si el logro fuera nuestro tendría más mérito.

Por el contrario, las mujeres tienden a ser más sensibles y a identificarse con las palabras de afirmación o condolencias. Si vamos a ver a un bebé recién nacido con nuestras esposas es posible que sean ellas las que primero digan con voz encogida: «¡Mira que niño tan lindo y tierno!». ¿Nosotros? Es posible que emitamos algún sonido grave y leve, aceptando lo que nuestras esposas dijeron o, en un buen día, brindemos una sonrisa ligera. Detrás de todo ese comportamiento está el pecado silencioso llamado orgullo. No debemos comportarnos de esa manera, cumpliendo con el patrón que el mundo espera de nosotros. Lo cierto es que los hombres no dejamos de ser hombres si felicitamos a alguien, si nos alegramos con los que se alegran y lloramos con los que lloran. No dejaremos de ser hombres si expresamos afecto o manifestamos afirmación. Seamos proactivos y usemos las redes sociales para bien, amemos a otros y edifiquémoslos a través de nuestras reacciones y comentarios, en vez de hacer relucir nuestro orgullo.

Conclusión

En resumen, debemos combatir el orgullo que se hará presente en nuestras interacciones en las redes sociales. Tengamos presente que nuestra masculinidad no está ligada a lo que publicamos o no, sino que reside en lo que Dios dice acerca de quién o qué es un hombre. Vivamos para Dios y su gloria y no cedamos al paradigma social de cómo un hombre debe conducirse en las redes sociales. Combatamos el orgullo y busquemos ser humildes en todo.

18

EL TRABAJO Y EL ORGULLO

Cuando nos creemos superiores en nuestro empleo

RUDY ORDOÑEZ

Para muchos de nosotros, el lugar de trabajo es el sitio en el cual permanecemos más tiempo durante la semana —al menos mientras estamos despiertos. Por lo tanto, el trabajo suele ser un lugar donde los pecados contra los que luchamos se hacen más visibles. Las paredes de nuestras oficinas son testigos de quiénes somos en realidad. Nuestra conducta puede traer gran honra o tremenda deshonra al nombre de Cristo.

Nuestros compañeros de trabajo también pueden ser testigos de las obras más bondadosas en nosotros, así como de palabras y acciones realmente horribles. Como hijos de Dios, seremos observados y puestos a prueba. Debemos ser consistentes con nuestra posición como hijos de Dios. Debe haber coherencia entre nuestra fe y nuestros actos, entre nuestras palabras y cómo vivimos. Sin embargo, no importa dónde trabajemos —una oficina del gobierno, un taller de mecánica, un campo agroproductor, una oficina empresarial, una iglesia, etc.— lo más importante es que Dios nos ve.

Diariamente, los cristianos nos esforzamos por cumplir nuestras responsabilidades laborales, y eso es algo honorable. El Señor nos manda a esforzarnos, haciendo todo para Él. Pero, mientras lo hacemos, estamos en una batalla interna contra un enemigo que nos acompañará hasta el último día de nuestra vida: el orgullo. Sí, ese pecado que, frecuentemente, vemos en otros, pero que a menudo negamos en nosotros, está siempre muy presente.

Hay mucho potencial de orgullo en el trabajo

La vida laboral se presta mucho para exhibir abiertamente nuestro orgullo. En nuestros trabajos a menudo encontramos una diversidad de personas, todas con distintas idiosincrasias y diversos estudios académicos, de diferentes clases sociales y creencias religiosas, entre otras cosas. Todos estos individuos son asignados a una variedad de puestos en la empresa: guardias de seguridad, gerentes, personal a cargo del aseo, operadores de maquinaria, secretarias, etc. Además, todos tienen roles o jerarquías diferentes: algunos son jefes, otros son subordinados y otros son compañeros. Toda esta diversidad puede convertirse en la caldera perfecta para hervir a fuego lento nuestro orgullo, el cual se puede manifestar de muchas formas.

«Soy superior a todos por mi posición»

La primera forma en la que el orgullo puede manifestarse es cuando nos creemos superiores a otros. Esto no es extraño. De hecho, sucede más frecuentemente de lo que muchos creen. Rápidamente podemos ser tentados a vernos y sentirnos superiores debido a nuestra posición dentro de la empresa, oficina o lugar de trabajo.

No es atípico que los jefes se llenen de orgullo por su posición de autoridad. A muchos se les «sube la posición a la cabeza» y abusan de sus subordinados. El orgullo puede llevarlos a no aceptar sus equivocaciones, a implementar medidas disciplinarias inadecuadas y asignaciones de trabajo injustas, a hacer comentarios fuera de lugar o tener arranques de ira. Imagina esta escena:

un jefe pidiendo disculpas a un subordinado por un error. El orgullo ha puesto escenas como esa en peligro de extinción.

Otro aspecto del orgullo por la posición es cuando no se muestra respeto hacia las personas que ocupan puestos en los rangos menos encumbrados de la empresa, como el personal a cargo del aseo, conserjes o guardias de seguridad. Muchas veces ni siquiera nos tomamos la molestia de conocer sus nombres o algo sobre sus familias. Parecería que no consideramos algo importante en lo que debamos invertir el tiempo. También, en ocasiones, no respetamos la autoridad que esas personas con roles más «bajos» tienen en sus puestos de trabajo, pues el orgullo nos dice que no es posible sujetarse a personas «inferiores».

Lo anterior está mal, es pecado. En definitiva, el Señor no se agrada de corazones orgullosos que se creen más por su posición y que tratan a otros con desprecio. Él nos manda a hacer algo que es contracultural: «Nada hagáis por egoísmo o por vanagloria, sino que con actitud humilde cada uno de vosotros considere al otro como más importante que a sí mismo» (Fil. 2:3).

El Señor quiere que todo creyente vea a los demás como más importantes que a sí mismo. Eso significa que la posición que se ostenta en el trabajo no es motivo para creerse mejor que los demás. Seamos responsables con lo que Dios nos da, incluyendo el trabajo que desempeñamos. Debemos tener también la disposición de aprender de aquellos que están bajo nuestra autoridad. Cultivemos relaciones. Aprendamos de todos. Respetemos a todos por igual. No temamos pedir perdón a nuestros subordinados cuando nos hemos equivocado. Todo esto mostrará la gloria de Cristo en la vida diaria.

«Soy superior a los demás por mis habilidades»

La segunda forma en la que el orgullo se puede manifestar en nuestro trabajo es cuando nos creemos más de lo que somos por nuestras habilidades. Dios es quien nos creó y ha dado a cada uno de nosotros habilidades y capacidades diferentes. Por ende, no hay lugar para la jactancia. Puede ser que un conocimiento o habilidad única nos haga sentir superiores al resto. O es posible que seamos mejores o más rápidos en determinadas tareas, y eso hace relucir el orgullo, sintiéndonos especiales e importantes. Al mismo tiempo, eso puede hacer que veamos a nuestros colegas como mediocres o dependientes de nosotros. Dios tampoco se agrada de esto.

Dios reprueba cualquier intento por gloriarnos en nosotros mismos, porque «toda buena dádiva y todo don perfecto viene de lo alto, desciende del Padre de las luces, con el cual no hay cambio ni sombra de variación» (Stg. 1:17). Simplemente no hay motivo para sentirnos superiores a los demás. Todo procede de Él y, por lo tanto, la gloria debe ser únicamente para Él.

Todo hijo de Dios debe rechazar el orgullo tan pronto como lo detecte. No hay razón alguna para llenarse de orgullo. ¡Como hombres renovados debemos tener claro que es de necios gloriarnos en algo que Dios nos ha dado! Dios es quien, en su misericordia, nos brinda nuestras habilidades, talentos y sabiduría, para ponerlos a su servicio, para que su nombre sea puesto en alto —¡no al revés!—.

«Soy superior a los demás por mis conexiones»

Los seres humanos viven construyendo relaciones desde niños, y son justamente esas diferentes conexiones las que pueden convertirse en la tercera forma de orgullo. Esas distintas relaciones —conexiones— son parte del aspecto relacional de ser hechos a la imagen de Dios. Nos gozamos en relacionarnos con otros, en conocer a nuevas personas y cultivar amistades de años. Pero el pecado es capaz de afectar algo bello que Dios nos ha dado, y hacer que toda hermosura se convierta en fealdad.

El orgullo se hace presente cuando creemos que, por tener acceso al dueño de la empresa, a uno de los accionistas, a un cliente que deja mucho dinero o a otra persona de autoridad y renombre, somos superiores a los demás. Tan pronto aparece este pecado, nos corrompe profundamente. En ese momento, en lugar de gozarnos en la bendición que Dios nos da de relacionarnos y convivir con otros, nos enorgullecemos, creyéndonos superiores y autosuficientes. Debemos rendir ante el Señor nuestro orgullo. No nos gloriemos en nuestra red de contactos, y rechacemos usar esto como excusa para exhibir una posición de ventaja sobre otros.

Cuando ese orgullo está en acción, tratamos a los demás como medios, objetos o herramientas. Este no fue el propósito de Dios para las relaciones interpersonales. Al hacer esto, perdemos de vista que cada ser humano fue creado a la imagen de Dios, y entonces ya no nos acercamos a otros para disfrutar de la comunión con ellos, sino por lo útiles o estratégicos que puedan ser para nosotros. Esto está haciendo que la búsqueda de relaciones sólidas de forma desinteresada desaparezca, incluso en medio de la iglesia.

Debemos tener claro que el Señor rechaza este tipo de comportamiento. Él no nos creó como «entes estratégicos» para sacar ganancia de los demás. Él nos creó para su gloria (Is. 43:7). Nos hizo para Él, para sus propósitos, para su alabanza (Is. 43:21). Todo cuanto existe y sucede es por su soberana voluntad. Proverbios 21:1 afirma algo que debe servirnos de recordatorio constante: «Como canales de agua es el corazón del rey en la mano del Señor; Él lo dirige donde le place». Por lo tanto, cuando gozamos del favor de personas «importantes» se debe a la bondad del Señor. Él es quien permite que a pesar de nuestra maldad haya personas que tienen aprecio por nosotros. Reconozcamos la mano del Señor en nuestra vida y entonces vivamos en humildad, sin jactancia. No es nuestro carisma lo que nos abre puertas para relacionarnos con las personas, es Dios quien las abre.

«Soy superior a los demás por mis logros»

La cuarta forma de orgullo que puede manifestarse en el trabajo es una que se alimenta de lo que hemos logrado. Estos éxitos pueden hacernos creer superiores a los demás: un ascenso, un proyecto finalizado en tiempo y forma, la mejor venta del año, el mejor sueldo del área, el reconocimiento público como el mejor empleado del mes, títulos académicos colgados en la pared, diplomas de cada curso aprobado, etc.

Es tal el deseo de portar con orgullo estas insignias, que se vuelve una obsesión obtener una más, muchas veces sin considerar los medios para lograrlo y sin importarnos a quién se aplasta en el camino a la cumbre. Aunque sin duda, obtener triunfos implica esfuerzo de nuestra parte, eso es posible únicamente por la fortaleza y capacidad que el Señor nos da. Esto lo vemos claro en su Palabra: «Mas acuérdate del Señor tu Dios, porque Él es el que te da poder para hacer riquezas, a fin de confirmar su pacto, el cual juró a tus padres como en este día» (Dt. 8:18).

Si no fuera por la bondad de Dios, ningún ascenso, aumento de sueldo u otro logro en el trabajo hubiera sido posible. Así que, en lugar de llenarnos de orgullo debemos abundar en agradecimiento y humildad. Que el Señor nos haga hombres humildes que lo exaltan en todo y que no buscan estar encima de los demás.

Conclusión

El remedio ante cualquier pecado, particularmente el que nos atañe en este capítulo —el orgullo en el trabajo— es el evangelio. Si alguien se atreve a creer que por tener muchos años de «conocer» a Dios ya no necesita el evangelio, está en graves problemas. No importa cuánto tiempo tengamos en nuestro caminar cristiano, siempre necesitaremos del evangelio: esas buenas nuevas que nos dan esperanza en Cristo.

La realidad del evangelio nos hace darnos cuenta de que en verdad «somos como el inmundo, y como trapo de inmundicia todas nuestras obras justas. Todos nos marchitamos como una hoja, y nuestras iniquidades, como el viento, nos arrastran» (Is. 64:6). Si no fuera por Cristo, no tendríamos acceso a un Dios perfectamente santo. No tenemos nada de qué gloriarnos. Nada en nosotros debe ser fuente de orgullo. Todo fruto, toda bondad, todo reconocimiento y todo logro deben ser motivo de humildad, rindiéndolos a sus pies para que Él se lleve toda la gloria.

PARTE 6

¿Qué hago con mi orgullo?

19

ADVERTENCIA

No nos arriesguemos ante el orgullo

RICARDO DAGLIO

Al llegar a este punto, la sola mención de la palabra orgullo debería advertirnos de un gran peligro. Como hemos visto en todos los capítulos que precedieron, el orgullo está en todas partes, en todas las relaciones, en todas las esferas y en todo tiempo. No es un juego, no es una mala costumbre o malos modales. Es pecado, y Dios lo aborrece (Pr. 6:16-17). No siempre el orgullo se hace manifiesto en un hombre de la manera que podríamos imaginarnos. Muchas veces lo hace como agente encubierto, con un disfraz o pretendiendo ser virtuoso. Por eso precisamos del consejo de Dios en su Palabra para identificarlo adecuadamente cuando aparezca. Estemos dispuestos a examinar nuestros corazones y hacer los ajustes pertinentes. Recordemos la advertencia del Señor a Caín hace mucho tiempo: «El pecado yace a la puerta y te codicia, pero debes dominarlo» (Gn. 4:7).

El orgullo arruinará todo lo bueno en nuestra vida

El orgullo está siempre al acecho. Por lo tanto, «no nos la juguemos», arriesgándolo todo. En línea con lo anterior, Jeremías 9:23-24 afirma de manera categórica lo siguiente:

No se gloríe el sabio de su sabiduría,
ni se gloríe el poderoso de su poder,
ni el rico se gloríe de su riqueza;
mas el que se gloríe, gloríese de esto:
de que me entiende y me conoce,
pues yo soy el Señor que hago misericordia,
derecho y justicia en la tierra,
porque en estas cosas me complazco —declara el Señor.

La sabiduría, el poder, la riqueza, la autoridad y todo lo que el Señor nos da son parte de sus bendiciones. Todas esas cosas en sí mismas no son malas, pero tienen el potencial de hacer que nuestro corazón se fije más en esas bendiciones que en la fuente de esas bendiciones, tal como el Señor le advirtió a Israel que sucedería (cp. Dt. 6:10-25). Si nos dejamos embelesar por las bendiciones que vienen de la mano de Dios, olvidando a Aquel que las da, se exhibirá el orgullo.

Si somos sabios, si conocemos ciertas cosas o si somos expertos en otras cosas es solo porque el Señor así lo ha querido. No debemos, por ende, buscar dar a conocer lo que sabemos para cultivar nuestro ego. A menudo, al encontrarnos en esa posición, queremos que los demás reconozcan lo que buscamos: queremos ser el centro de la admiración y atención de otros. Evitemos intentar colocarnos encima de otros por lo que sabemos. Permitamos que sea el Señor el que haga con nosotros según le parezca, poniendo nuestros dones a su servicio. Debemos tener cuidado, especialmente, de no arrastrar a nuestra familia y amigos, sacando provecho de ellos para buscar notoriedad o reconocimiento.

También, debemos tener cuidado con el poder o autoridad que el Señor nos ha dado, independientemente de la institución o espectro sobre el que tengamos influencia. Basta un poco de autoridad o poder en una persona para que esa persona sea transformada por aquello dado por Dios. Sucede tanto con los políticos, como con un hermano mayor que queda a cargo de su hermano más chico. Es la tendencia en el ser humano. El orgullo se aferrará a cualquier mano que esté dispuesta a ofrecer ayuda. No nos aprovechemos de nuestras posiciones de poder y autoridad para conseguir cosas a expensas de otros. Rechacemos desarrollar pericia para manipular a otros y más bien caractericémonos por ser siervos que buscan amar a su prójimo.

Además, todo lo material que Dios nos dé, incluyendo a nuestra familia, no debe hacer que nos envanezcamos. Debemos disfrutar lo que Dios nos da, pero no más que a Aquel de quien procede todo cuanto existe (Ro. 11:36). No caigamos en el juego del mundo, sujeto al pecado, tratando de mostrar nuestro valor e importancia con cosas materiales. Busquemos a Dios primero; todo lo demás es secundario, y Él cuidará de nosotros (Mt. 6:33). Nuestra satisfacción y confianza deben estar en Él, no en nuestros bienes o en el poder adquisitivo. Cuidémonos del orgullo que nos acecha siempre.

En el pasaje que mencionamos más arriba, Jeremías dice: «mas el que se gloríe, gloríese de esto: de que me entiende y me conoce» (Jer. 9:24). Esto es algo que sitúa a Dios en el primer lugar, y que solamente procuran los hombres que se humillan y buscan honrar al Señor. Un hombre orgulloso nunca pensará en la gracia de Dios manifiesta en las cosas que ha recibido de lo alto.

El orgullo nos alejará de la voluntad de Dios y hará que lo olvidemos

Algo más que es importante mencionar —porque puede ser un llamado de atención— es que, tarde o temprano, el orgullo te hará desviar. El orgullo quiere lo suyo propio, por lo tanto, hará que olvidemos con facilidad y que nos alejemos de lo que Dios quiere para nosotros. Juan nos instruyó acertadamente cuando dijo: «Porque todo lo que hay en el mundo, la pasión de la carne, la pasión de los ojos y la arrogancia de la vida, no proviene del Padre, sino del mundo» (1 Jn. 2:16). Si un hombre tiene pasión por estas cosas, carecerá de interés en ver la voluntad de Dios cumplida en su propia vida. Lo triste es que la Escritura misma nos advierte al respecto: «Y el mundo pasa, y también sus pasiones, pero el que hace la voluntad de Dios permanece para siempre» (1 Jn. 2:17). Por eso este llamado de advertencia, por eso la señal de alerta.

Al orgulloso, Pablo le advierte: «Porque ¿quién te distingue? ¿Qué tienes que no recibiste? Y si lo recibiste, ¿por qué te jactas como si no lo hubieras recibido?» (1 Co. 4:7). Para luchar contra nuestro orgullo, asegurémonos de que estas tres preguntas anteriores sean parte de nuestra meditación y reflexión diaria. Si somos sinceros delante del Señor cada día, estas preguntas harán una inquisición profunda, exponiendo nuestra putrefacción. Lo que Pablo hace con los corintios es ayudarlos a no olvidar. Al enfocarnos en nosotros mismos, el orgullo hace que olvidemos con facilidad la gracia de Dios en nuestra vida.

Cuando el pueblo de Israel deambuleó por el desierto durante cuarenta años, algo que los caracterizó fue la falta de memoria, lo que los hizo arrogantes una y otra vez. En Deuteronomio 8, encontramos verdades muy importantes al respecto. En ese capítulo, vemos lo que Dios esperaba que tuvieran en cuenta. Pero, lastimosamente, un actuar contrario a los estatutos de Dios fue el distintivo de la nación de Israel y también lo es a menudo de cada uno de nosotros:

> Cuídate de no olvidar al Señor tu Dios dejando de guardar sus mandamientos, sus ordenanzas y sus estatutos que yo te ordeno hoy; no sea que cuando hayas comido y te hayas saciado, y hayas construido buenas casas y habitado *en ellas*, y cuando tus vacas y tus ovejas se multipliquen, y tu plata y oro se multipliquen, y todo lo que tengas se multiplique, entonces tu corazón se enorgullezca, y te olvides del Señor tu Dios que te sacó de la tierra de Egipto de la casa de servidumbre. Él te condujo a través del inmenso y terrible desierto, *con sus* serpientes abrasadoras y escorpiones, tierra sedienta donde no había agua; Él sacó para ti agua de la roca de pedernal. En el desierto te alimentó con el maná que tus padres no habían conocido, para humillarte y

> probarte, y para finalmente hacerte bien. No sea que digas en tu corazón: «Mi poder y la fuerza de mi mano me han producido esta riqueza». Mas acuérdate del Señor tu Dios, porque Él es el que te da poder para hacer riquezas, a fin de confirmar su pacto, el cual juró a tus padres como en este día. Y sucederá que si alguna vez te olvidas del Señor tu Dios, y vas en pos de otros dioses, y los sirves y los adoras, yo testifico contra vosotros hoy, que ciertamente pereceréis (Dt. 8:11-19).

El Señor les advirtió de ese orgullo inminente, algo que, como consecuencia, haría que se olvidaran del «Señor [su] Dios» (Dt. 8:14). Esa es una de las frases claves en el pasaje, debido a la estrecha relación entre el orgullo y el olvido. En el corazón del hombre no hay lugar para dos. El hombre orgulloso olvida a Dios para dar lugar a aquello que lo satisface a corto plazo y que lo hace sentir poderoso y dueño de su vida. Pero también es importante notar lo que el texto afirma cuando dice: «acuérdate del Señor tu Dios, porque Él es el que te da poder para hacer riquezas» (Dt. 8:18). De manera contrastante se ve aquí la relación entre el poder y el recuerdo. Esto implica que el verdadero poder en el hombre radica en el recuerdo constante de la gracia de Dios que le provee todas y cada una de las cosas que tiene, tanto espirituales como materiales. Los hombres humildes tienen buena memoria.

El mejor remedio contra el orgullo

El orgullo tuvo su origen en Satanás mismo, quien quiso ocupar el lugar de Dios. A partir de esto, y la entrada del pecado en el mundo, el orgullo fue parte integral del ser humano. Es un compañero constante, pero desagradable y mortal. Luego de una memorable discusión de Jesús con los fariseos, el Señor aprovechó para enseñar a sus discípulos dónde se encontraba la verdadera fuente de contaminación:

> Lo que sale del hombre, eso es lo que contamina al hombre. Porque de adentro, del corazón de los hombres, salen los malos pensamientos, fornicaciones, robos, homicidios, adulterios, avaricias, maldades, engaños, sensualidad, envidia, calumnia, orgullo e insensatez. Todas estas maldades de adentro salen, y contaminan al hombre (Mr. 7:20-23).

Si queremos comprender mejor los peligros del orgullo, este es un buen texto bíblico, puesto que enlista una serie de graves pecados entre los cuales se encuentra nuestro incómodo enemigo. Jesús dijo que el orgullo tiene la misma fuente de origen que, por ejemplo, los homicidios y los adulterios —dos males que corrompen la sociedad continuamente y que son sencillamente devastadores. Un corazón que se jacta de lo que Dios le ha dado, que no cumple la voluntad de Dios y que olvida lo que el Señor ha hecho, será como un géiser de maldad, arrojando pecado continuamente y contaminando más y más. El único resultado será una destrucción integral.

Sin duda, debemos rendirnos a Dios. Debemos reconocer que caemos fácilmente bajo las garras del orgullo, que nos carcome y consume. Por ello, vivimos vidas insatisfechas, afectando relaciones, minando todo lo que Dios nos da y dejando de vivir vidas plenas en Cristo. Por lo tanto, dobleguemos el orgullo y busquemos la humildad. No olvidemos nunca que el mayor ejemplo de todos para contrarrestar el orgullo es el de nuestro Señor Jesucristo. Meditemos en esto cada día. El apóstol Pablo describió la grandeza de la obra de Jesús desde el polo opuesto al orgullo, es decir, desde la humildad, con las siguientes palabras:

> Nada hagáis por egoísmo o por vanagloria, sino que con actitud humilde cada uno de vosotros considere al otro como más importante que a sí mismo, no buscando cada uno sus propios intereses, sino más bien los intereses de los demás. Haya, *pues*, en vosotros esta actitud que hubo también en

> Cristo Jesús, el cual, aunque existía en forma de Dios, no consideró el ser igual a Dios como algo a qué aferrarse, sino que se despojó a sí mismo tomando forma de siervo, haciéndose semejante a los hombres. Y hallándose en forma de hombre, se humilló a sí mismo, haciéndose obediente hasta la muerte, y muerte de cruz. Por lo cual Dios también le exaltó hasta lo sumo, y le confirió el nombre que es sobre todo nombre, para que al nombre de Jesús SE DOBLE TODA RODILLA de los que están en el cielo, y en la tierra, y debajo de la tierra, y toda lengua confiese que Jesucristo es Señor, para gloria de Dios Padre (Fil. 2:3-11).

El evangelio es el único remedio contra el orgullo. El evangelio ataca la raíz del orgullo como ninguna otra cosa puede hacerlo. Cualquier evidencia de orgullo que un hombre pueda tener —gloriarse en su conocimiento, posición o riquezas; no tener en cuenta la voluntad de Dios; o tener una falta de memoria sobre la gracia del Señor— comienza a desaparecer cuando el evangelio llega al corazón y Jesucristo lo transforma. Es entonces que las evidencias de un hombre humilde comienzan a ocupar el lugar de las que marcan el orgullo. Necesitamos predicarnos el evangelio una y otra vez e imitar a Jesucristo, a fin de poder hacer frente y salir victoriosos ante este pecado.

Conclusión

Si nos llamamos cristianos y persistimos en nuestro orgullo, debemos volver a examinar lo que es la vida cristiana. Como hombres renovados hemos sido «llamados [por Dios] a la comunión con su Hijo Jesucristo, Señor nuestro» (1 Co. 1:9). Por lo tanto, tener orgullo y sostener una relación saludable con Dios es completamente inconsistente. El aliciente que debemos tener presente para vivir vidas humildes es que el Señor nos dará gracia abundante siempre, no así a los orgullosos (Stg. 4:6).

Seamos hombres renovados que no temen vivir contracorriente y que, en cambio, dejan todo por amor a Cristo. Seamos como Cristo. Miremos a Cristo como aquel ejemplo a seguir. Anhelemos estar más cerca de Cristo para ser como Él. Tengamos un deseo genuino de conocerlo más y vivir para Él.

20

UN TESTIMONIO

Cuando Dios abre tus ojos a tu orgullo

DANIEL PUERTO

«No le ha caído el veinte». «No le ha amanecido». «No se le ha encendido el foco». ¿Conoces esas frases? Muchas veces se pudieron decir de mí antes de la intervención de Dios. ¿Qué estaba escondido de mi vista? No podía ver la dimensión de mi orgullo, arrogancia, prepotencia, altivez, altanería. Dios tuvo que intervenir con su Palabra para que se encendiera la luz.

C. S. Lewis escribió: «No hay defecto que haga a un hombre más impopular, y ninguno del que seamos más inconscientes en nosotros mismos. Y cuanto más lo tenemos en nosotros mismos más nos disgusta en los demás. El vicio al que me refiero es el orgullo o la vanidad, y la virtud que se le opone es, en la moral cristiana, la humildad».[1]

Sí, así fue conmigo. ¡Qué ciego fui a mi propio pecado del orgullo! ¡Mis ojos estaban cerrados a ese mal! No lo veía, aunque vivía demostrándolo a propios y extraños. El orgullo brotaba de

1. C. S. Lewis, *Mero cristianismo* (Nueva York: HarperCollins Publishers, 2006), pos. 1619 de 3017 en versión Kindle.

mi corazón como el agua brota de una manguera con agujeros. Ese orgullo salía a toda presión en las conversaciones más insignificantes que te puedas imaginar.

Ahora es claro para mí. Recuerdo todo muy bien. Yo estaba ahí, sentado entre más de 3500 personas en esa conferencia. Todos escuchábamos atentamente al expositor. No recuerdo quién exponía. Pero sí recuerdo claramente un pensamiento que sonó en mi mente como un gong que era golpeado en una gran habitación vacía: «Quiero estar ahí. Quiero estar en ese lugar en el cual todos te prestan atención. Quiero que grandes multitudes como estas me escuchen en silencio como nosotros lo estamos escuchando a él».

Yo estaba ahí, escuchando a ese grupo de líderes de la iglesia. Esos hombres y mujeres habían caminado con Cristo por muchos años. ¿Qué cruzaba por mi mente? «Esta gente no sabe nada. Yo les tendré que enseñar qué es una verdadera iglesia sana. Yo reformaré esta iglesia».

Yo estaba ahí, conversando con mi amigo y su esposa sobre un asunto irrelevante, algo sobre la comida o lo que habíamos hecho el día anterior. Mi amigo me señaló que yo había cometido un error de juicio. Yo me defendí. ¡Mi reputación no puede quedar por el suelo ni en una conversación irrelevante! Mi amigo, con toda calma, me dijo: «¿Por qué siempre te defiendes? Yo soy tu amigo. Yo no te estoy atacando. No estás en guerra. No tienes que defender tu causa todo el tiempo. Parece que estás procurando que los demás piensen que en nada te equivocas. Yo soy tu amigo, no tu enemigo». Justo en el clavo.

Pero ni con tantas señales me daba cuenta. El «veinte» (una moneda) aún «no caía». La luz aún no se encendía. Cientos de conversaciones, miles de interacciones. La mayoría marcadas por mi orgullo. ¿Y yo? Ciego.

Creo que mi esposa es la que más ha sufrido el derrame petrolero del orgullo en el mar de nuestro matrimonio. ¡Cuántas recompensas tendrá ella en gloria! Cuánto ha soportado mis palabras que han ido como flechas venenosas a su corazón para hacerle ver cuán superior soy a ella. En una ocasión, ella me preguntó: «Con toda honestidad, respóndeme. ¿Tú crees que soy tonta? Todo el tiempo me hablas como si yo fuera ignorante o deficiente». ¿Qué respondí yo? Con mucha «humildad» dije: «No creo que eres tonta, pero nunca me has superado en argumentación y razones. Cuando tu argumentación sea superior a la mía, entonces te escucharé».

Pero Dios intervino. Él tiene que intervenir para humillar a un hombre. Si Dios no interviene, el hombre dejado a sí mismo es un manojo de orgullo, atado con ligas de prepotencia en la carreta de la altivez que va camino a la destrucción. Ahí iba yo. Ciego a mi maldad que era evidente a otros, pero oculta delante de mí.

¿Cómo sucedió todo? En nuestra iglesia teníamos una serie de estudios bíblicos de la carta de Pablo a los Filipenses. El calendario decía que a un amigo (sí, el mismo que me dijo que no me estaba atacando) se le había asignado Filipenses 2:1-11. Él ha luchado los últimos años con problemas de salud severos. Así que, esa semana no pudo prepararse y me llamó el jueves por la mañana para saber si yo lo podía cubrir.

Dije que sí, sin saber lo que me esperaba a la vuelta de la esquina. De inmediato busqué mi Biblia y leí el pasaje. Durante los siguientes tres días me dediqué a estudiar ese pasaje con la mayor profundidad posible.

Las palabras me cautivaron: «Nada hagáis por egoísmo o por vanagloria, sino que con actitud humilde cada uno de vosotros considere al otro como más importante que a sí mismo, no buscando cada uno sus propios intereses, sino más bien los intereses de los demás» (vv. 3-4). ¡Yo he vivido toda mi vida haciendo las cosas por egoísmo y vanagloria, sin humildad!

Esas palabras no solo me cautivaron. También me demolieron. Dios estaba llevando a cabo cirugía a corazón abierto. Sin anestesia. Él cavó hondo, hasta las profundidades de mi corazón, y sacó toda la pudrición que había ahí. Y me la mostró. La vi con la claridad del medio día en un día sin nubes. Fue entonces que «me cayó el veinte». Se encendió el foco. Creo que me sentía como Pablo cuando, de sus ojos, cayeron como escamas (Hch. 9:18).

Pero lo mejor estaba por venir. «Haya, *pues*, en vosotros esta actitud que hubo también en Cristo Jesús, el cual, aunque existía en forma de Dios, no consideró el ser igual a Dios como algo a qué aferrarse, sino que se despojó a sí mismo tomando forma de siervo, haciéndose semejante a los hombres. Y hallándose en forma de hombre, se humilló a sí mismo, haciéndose obediente hasta la muerte, y muerte de cruz» (vv. 5-8). ¡En ese momento miré a Cristo! ¿Cómo puedo ser tan altivo y arrogante si sigo a un Salvador tan humilde y que se sacrificó por nosotros? Aquí cayeron todas mis defensas. Quedé ahí, frente al texto, inmóvil, con lágrimas en mis ojos. Lágrimas de arrepentimiento, lágrimas de tristeza profunda por toda mi maldad. «¡Qué ciego he sido!», dije.

Estudiar ese pasaje fue una profunda experiencia de humillación, pero también lo fue enseñarlo. Frente a mi audiencia no podía contener mis lágrimas. Hablaba y hablaba, pero todo era extraño. Esta enseñanza no era como otras. Yo escuchaba mis palabras como si me las estuviera diciendo a mí mismo. Dios seguía trabajando, el bisturí estaba en su mano y Él no dejaría la cirugía a medias.

Al terminar de enseñar, solo pude regresar a mi casa y reunir a mi familia en la sala. Pedí perdón a mi esposa por mi orgullo, por hacerla sentir como inferior a mí todos estos años. Pedí perdón a mis hijos por tratarlos con tanta altivez. Luego, Dios me llevó a mi recámara. Él iba a terminar su trabajo —por el momento—. Estas fueron las palabras que escribí en mi libreta de oraciones, ahí de rodillas delante de mi Dios:

> Amado Dios, gracias por revelar mi pecado y por hacerme ver mi maldad. Gracias por tu Palabra. Gracias por la paciencia que has tenido conmigo. Cada vez que me he sentido superior a otro, cada vez que he hablado mal de otro, cada vez que he defendido mis actitudes llenas de orgullo, vanagloria y prepotencia. Tú, desde los cielos, me mirabas y me soportabas.
>
> Tú has abierto mis ojos para que yo viera la suciedad y maldad de mi orgullo, la vanidad de mis pensamientos, el

egocentrismo de mis actitudes y acciones. Vivo ensimismado, respiro altanería, soy el abogado de la arrogancia. Perdóname. Gracias por tu paciencia en extremo amplia. Gracias porque has sido amplio en perdonar y grande en amor.

Perdóname por el amor al aplauso, a las alabanzas. Perdóname por ser adicto a que otros hablen bien de mí. Perdona mi orgullo que trajo tanto dolor a hermanos y hermanas en Cristo. Perdona mi altivez. Perdóname por mi egoísmo con mi esposa e hijos. Perdóname por discutir con orgullo con mis padres y hermanos, y muchos más. Perdóname por defender mis actitudes orgullosas ante personas que han procurado servirme. Gracias por tu bondad.

Casi en cada recuerdo que viene a mi mente, casi en cada interacción que recuerdo, encuentro orgullo, un sentido de superioridad sobre los demás, prepotencia, altivez y egocentrismo. La maldad de mi pecado me deja pasmado. Me has abierto en dos y me has mostrado lo que no había entendido en mi vida entera: el orgullo, la prepotencia y la vanagloria están presentes en mi vida. Desde que me levanto hasta que me acuesto. Desde la salida del sol hasta el ocaso.

Tiemblo ante tanta diferencia entre mi persona y Cristo. Él, soberano e inmortal, coronado en majestad, ¡lavando mis pies! ¿Y yo? No quiero servir a otros porque son «difíciles» o «cerrados» o «un poco malagradecidos». Pero, ¿qué es esto? Una criatura pecadora y caída que ha sido rescatada de un infierno que merecía justamente por su pecado, el rebelde que ha sido perdonado, el infeliz que ha sido recibido en la mejor familia que existe —la familia de Dios— no quiere servir. El que ha recibido el mayor servicio y la mayor bendición que jamás se pueda recibir, ese no quiere servir ni bendecir a otros.

Dios amado, perdóname y cámbiame. Recuérdame cada día mi pelea contra el orgullo. Recuérdame que siempre tengo la tendencia a defenderme, pelear por mí, ver mis intereses —y en todo pensar que te estoy sirviendo—. Recuérdame que siempre tengo la tendencia a presentar argumentos a favor de mi orgullo, prepotencia, altivez, arrogancia y egocentrismo.

Perdóname, oh Dios. Quiero ser más como Cristo. Mata el orgullo en mí para la gloria de tu nombre y mi bien, para el bien de mi esposa e hijos y para el bien de mi iglesia y de mis amigos. Permíteme ver a otros como personas de quienes puedo aprender. No permitas que yo piense: «No tengo nada que aprender de él».

Te ruego, Señor, que cuando se me muestre un área de crecimiento, un área en mi vida que debo cambiar, yo no excuse mis pecados ni continúe practicándolos. Ayúdame a reconocer con honestidad, con un corazón enseñable, y que pueda crecer en esa área y en muchas más.

Hazme humilde, Señor, cueste lo que cueste. Erradica de mí la vanagloria, el orgullo, la altivez que me llevan al chisme, la murmuración y a decir: «Ese no es como yo. Él no es tan inteligente como yo, tan _______como yo». Hoy me has ayudado a ver algo. Permíteme ver más. Permíteme continuar teniendo claridad sobre esto cada día.

En el Salmo 19, David hace una exposición sobre la revelación de Dios —la revelación general y la revelación especial—. Después de hablar de esa revelación especial, que es la Palabra de Dios, el escritor se pregunta: «¿Quién puede discernir sus propios errores?» (v. 12). Y, luego, ruega a Dios: «Guarda también a tu siervo de pecados de soberbia; que no se enseñoreen de mí. Entonces seré íntegro, y seré absuelto de gran transgresión» (v. 13).

Todos los hombres podemos unirnos a esta oración y clamar a Dios: «Sí, Señor. Yo puedo ser ciego a mi pecado, especialmente al pecado del orgullo. Cuando esté actuando con altivez y soberbia, muéstramelo. Me es difícil identificar ese pecado en mí. Protégeme de mí mismo. Guárdame de pecados de soberbia, que no se enseñoreen de mí. Haz lo que sea necesario para hacerme un siervo humilde en palabra, conducta, pensamientos e intenciones. Hazme más como Cristo. Amén».

Soldados de Jesucristo

Soldados de Jesucristo es el fruto de una conversación entre cinco amigos de distintos países que se conocían únicamente por redes sociales. Colombia, República Dominicana, Venezuela y Argentina fueron las naciones representadas en su fundación. En sus inicios, este ministerio existía solamente como una página en *Facebook* que compartía imágenes con frases de predicadores y versículos bíblicos. Creció con el tiempo hasta tener un sitio web con artículos originales y entrevistas en video con pastores de distintos países. Por la gracia de Dios, hoy tiene más de 1.7 millones de seguidores en *Facebook*, otros miles en distintas redes sociales y cientos de miles que visitan el sitio web.

La misión de Soldados de Jesucristo es predicar el evangelio de la gracia de Dios por todos los medios en línea, a todo el mundo. Este objetivo ha abierto puertas para conocer la realidad de nuestra América Latina, y fomentar diversas iniciativas como un medio de bendición para muchos. El entender la realidad de la Iglesia de Cristo en Latinoamérica nos llevó a comprender la gran necesidad de un espacio dedicado a los hombres de esta región del mundo, proveyendo recursos que, en cada aspecto de sus vidas, les haga ver a Cristo y ser conformados a su imagen.

Es así como nace *Hombre Renovado*, que inicialmente presentó artículos de blog y episodios de *podcast* con el tema «el hombre y el orgullo». Damos gracias a Dios porque el material compartido en diferentes plataformas fue bien acogido en distintos países, y todos fuimos bendecidos, desafiados y animados en el proceso. Confiando en la misericordia del Señor, en los próximos años se mantendrá el mismo formato, mientas consideramos adicionar otros elementos que esperamos sean de bendición para todos los hombres de habla hispana. Otros temas que exploraremos son el dominio propio, las características que todo hombre piadoso debe cultivar, meditaciones sobre la realidad de la muerte y otros. Oramos que el libro que tienes en tus manos, así como los que están por venir en esta serie, nos ayuden a vivir vidas santas y agradables al Señor.

Todo cuanto se hace en Soldados de Jesucristo, es gracias al apoyo de un equipo comprometido que ha dispuesto de su tiempo *ad honorem* para llevar adelante trabajos de diseño, edición, publicación, contenidos, etc. Estamos sumamente agradecidos a Dios por tanta bondad. Si deseas leer más sobre nosotros y los recursos que producimos, visita www.somossoldados.org. Si deseas más información o unirte a nuestro equipo, escríbenos a contacto@somossoldados.org.